心理学与交际之道

罗盘 ◎ 著

图书在版编目（CIP）数据

心理学与交际之道 / 罗盘著. -- 上海：
立信会计出版社，2015.6
（去梯言）
ISBN 978-7-5429-4588-4

Ⅰ.①心… Ⅱ.①罗… Ⅲ.①心理交往-通俗读物
Ⅳ.①C912.1-49

中国版本图书馆CIP数据核字（2015）第055752号

策划编辑　蔡伟莉
责任编辑　蔡伟莉
封面设计　久品轩

心理学与交际之道

出版发行	立信会计出版社
地　　址	上海市中山西路2230号　邮政编码　200235
电　　话	（021）64411389　传　真　（021）64411325
网　　址	www.lixinaph.com　电子邮箱　lxaph@sh163.net
网上书店	www.shlx.net　电　话　（021）64411071
经　　销	各地新华书店
印　　刷	固安县保利达印务有限公司
开　　本	720毫米×1000毫米　1/16
印　　张	16　插　页　1
字　　数	197千字
版　　次	2015年6月第1版
印　　次	2018年9月第3次
书　　号	ISBN 978-7-5429-4588-4/C
定　　价	36.00元

如有印订差错，请与本社联系调换

前 言

为什么我们常常会觉得自己是真心为他人好，可对方却不领情？为什么明明自己没有坏心眼，却总是说话得罪人？为什么总有一些人不喜欢、不欢迎我们？为什么我们的朋友看起来特别多，但在遇到困难的时候却没有人伸手援助一把？

我们要怎样做才能让人喜欢自己，乐意跟自己交朋友？我们要怎样做才能让他人信服自己、支持自己，在有困难的时候会帮助自己？我们要怎样做才能让他人接受自己的要求，按照自己的意愿来行动？我们要怎样做才能让自己更有气场和吸引力？我们要怎样做才能更有效地影响别人？

在生活和工作中，我们每天都必须与人接触，与各种人打交道，比如朋友、同事、上司、下属、不认识的人或者有求于自己的人等。正是在人际交往过程中，我们通过自己的种种行为表现、言行举止、内心情绪等方面不断地有意识或者无意识地影响着他人，同时他人也在影响着我们。

而在人际交往中之所以产生这种相互影响、相互作用，其根源就是心理学。可以说，人际交往与心理学密不可分。心理学能让我们掌控人际交往的主动权，发挥心理优势，有效地影响他人。比如，我们想要让他人做出某种行为，必须了解、掌握他的心理。了解并能掌握人心，这就需要我们懂得一些基本的心理学知识，并恰当地运用。

我们都有一颗灵慧的心，在与形形色色的人打交道的过程中，如果巧妙地运用自己的心智，揣摩人心，了解人性，掌握了察言观色、操纵人心的本领，相信每个人都能拥有良好的人际关系，无论是在朋友圈还是在职场、社交场合，都能光彩照人、魅力四射。

《心理学与交际之道》从心理学的角度对人际交往进行全新梳理，别具匠心。它在对著名的心理学效应和心理实验诠释的基础上，结合日常生活中的实际案例和经典故事，对人际交往中的各种心理现象进行了较为详尽的分析，并提供了简单易行的操作思路和方法。有助于我们在社交中做到剖析自我，认识他人，从而提高自己的人际交往能力，增强人脉，成为受欢迎的人，使我们既能够在与人沟通时无往不利，也能够在求人办事过程中如鱼得水。

目 录

第1章 无处不在的社交心理学 1

把握他人心理，社交无往不利 2
了解个性特征，才能有助交际 4
掌握正确与人交际的方法 5
三大黄金法则帮你避免社交雷区 7
点旺人气的八个策略 11

第2章 心理学改变自己 17

先认清自我，再绽放个性 18
利用心理暗示改变自己 19
勇敢地表现自己，提高抗压力 23
自信的人最有魅力 26
你的微笑能给任何人带来快乐 28
摆脱紧张、恐惧和羞涩感 30
宽容的心让"自我感觉"更加良好 33

永远记住你受到的赞美 35
内心强大的人从不自我炫耀 39
控制不住情绪的人会被疏远 42
永远以心平气和示人 45
多认识快乐的人 48

第3章 首因效应下的"看脸时代" 51

让你的形象在45秒内印在他人的脑子里 52
初见4分钟,好感油然而生 56
在最短时间内给人信任感 57
留下开朗好印象 60
幸运垂青注意细节的人 62
有眼缘就有影响力 66
如果让自己更可爱可亲,就别怕暴露缺点 69
透过衣着,看破对方心理 72
色彩的选择受心理影响 75
化妆展示女人的欲望 77
鞋子也会传达心声 79
手机中隐藏的个性密码 83

第4章 心理学影响他人 87

人们是如何相互影响的 88
善于倾听是沟通彼此的桥梁 89

通过观察对方的交际圈来了解对方 94

领悟蝴蝶效应,从微小处识别他的心思 97

用热情感染你周围的每一个人 99

别说"你错了" 101

尊重他人就会获得他人尊重 103

表达出你的喜爱之情 106

增加见面的次数 109

多一点关心,把别人放心上 111

雪中送炭最暖人心 114

第5章 跳出偏见心理怪圈 117

找到对方的闪光点,用放大镜看人 118

利用近因效应,挽回不利让人喜欢你 120

换位思考,像感受自己一样去感受他人 123

跳出心理定势,用新眼光看待对方 126

领悟刻板效应,用心看待每一个人 130

利用投射心理,洞悉他的心境 133

摘掉光环,警惕晕轮效应 136

第6章 心理学与交友之道 139

做任何事情都离不开人情 140

初次见面如何缩短距离 143

和朋友们相约在快乐的大道上 145

友情投资，宜走长线 147
搞好关系要循序渐进 149
攀高结贵，不卑不亢 151
让陌生人和你有共同的利益 154

第7章 幸福男女心理学 157

留出空白，让交往更深入彼此的心 158
善解爱人的心意 160
不动声色"耍诡计" 161
识破男人的"花言巧语" 164
软硬兼施，让"猎物"无处可逃 167
柔弱是你的制胜法宝 170
柔声细语征服男人心 174
保留一点神秘感 177
利用时间的变化 180
制造偶然的机会 182

第8章 职场人脉心理学 185

具备良好的人际亲和力，塑造心与心的平等 186
掌握名片效应，使对方接受你的观点 189
把荣耀送给别人，独自贪功最愚蠢 191
不要被同事孤立，做办公室最受欢迎的人 194
提升后怎样得到同事的信任和好感 198

运用南风法则，使下属感受到领导的温暖 …………………………… 199

利用马蝇效应，把难以管理的员工团结在一起 ………………………… 202

激励员工，能起到事半功倍的效果 ……………………………………… 205

第9章　求人办事心理学 …………………………………… 211

利用同理心，让对方心甘情愿为你做事 ………………………………… 212

利用共性心理，踏入对方的心门 ………………………………………… 215

投其所好，让对方高高兴兴地帮你办事 ………………………………… 218

找出共同点，唤起对方的情感共鸣 ……………………………………… 222

利用负债心理，让对方回报你更多 ……………………………………… 224

运用皮格马利翁效应，使对方满足你的期待 …………………………… 228

利用对比心，诱使对方接受你的要求 …………………………………… 232

激发同情心，触动对方心灵的薄弱点 …………………………………… 234

塑造权威表象，诱使对方信任你 ………………………………………… 237

得寸还要进尺，先进门槛再步步登高 …………………………………… 240

第1章

[无处不在的社交心理学]
[我们都在喜欢与被喜欢着]

在人际交往中，只是尊重他人的个性是不够的，我们还必须尝试着去了解他人的个性，并学会与不同个性的人交往。每个人都有独特的个性特征，有的个性是受人欢迎的，有的个性是令人厌恶的。根据不同的个性特征采用不同的交际方法，是使人际关系良好发展的关键。

把握他人心理,社交无往不利

顺应对方的心理,争取对方的好感,利用对方的心理,获得对方的支持。正是人际高手的制胜秘诀。

在我们生活的这个世界上,无论哪行哪业,只要存在着人与人之间的交往,就离不开对人心理的体察。政治家往往是揣摩心理的高手,而商人为了得到顾客的欢心则更是绞尽脑汁。即使是我们普通人,大到为了成就一番事业,小到为了防止吃亏上当,也都要对人类心理的基本规律有所掌握。

然而,有些人在处理人际关系时,往往过于看重自己,把自己放在最中心的位置,以自己的情绪为情绪,以自己的意志为意志,凡事都只希望满足自己的欲望,要求人人为己,却置别人的需求于度外,不愿为别人做半点牺牲,不关心他人痛痒,要求所有的人都以他为中心,服从于他。他们只要集体照顾,不讲集体纪律,否则就感到委屈、受不了。他们不愿从客观实际出发,不能服从他人及集体。这种人强烈地希望别人尊重他,却不知道自己也得尊重别人。总之,这些人的心中充满了自我,却唯独没有他人。

无疑,这种自我中心意识于他自己是极为不利的。这会严重影响一个人的自我形象,也影响良好品格的形成,以致被人厌恶、瞧不起,因而也

第1章 无处不在的社交心理学

不可能拥有好的人际关系。试想想，谁愿意与这样的人长期合作共事或终生为伴呢？很"自我"的人由于过分看重自己，往往又完全失去了朋友，最终失去了自己。

人类的心理是一个非常精细微妙而又复杂多变的东西。说它精细微妙，是指它深藏于人的内心之中，潜伏于各种假象之下，变化细微而令人难以察觉。而且，在许多时候，某种心理感受不仅外人难以把握得住，就连这个人本人可能也不很明白。比如说，第一印象，其实它完全是一个人的主观感觉，没有人能说得清为什么在对对方的情况缺乏任何了解的情况下就会产生某种好感或恶感。但是，第一印象在人际交往中却往往具有至关重要的作用，有时甚至能决定人的命运。人的心理是复杂多变的，即它始终是处于一种瞬息万变的状态，其变化的原因及作用机制很难被我们清楚地掌握。

有的人对人心理的理解比较单一，他们看不到人在不同的环境之下可能会有不同的心理表现，产生不同的心理感受，他们往往把复杂的、多样化的心理活动简单化、单一化，用同一种方式去应对不同的情况和不同的人，不懂得根据对方的心理变化来调整自己的语言和行动。由于他们不懂得顺应对方的心理、争取对方的好感，因此就不能够利用对方的心理、获得对方的支持。这种以不变应万变的心态，就好像是要用一把钥匙打开所有的锁，是行不通的。

熟悉和掌握他人的心理变化，不仅可以因势利导，更可以化害为利。学会了解人、体察人心，就可以保证与人交往的顺利进行。

了解个性特征,才能有助交际

我们不能用一种个性标准来要求所有的人,尊重他人的性格特征是人际交往中最起码的准则。

人类个体千差万别,而世界也正是因此而丰富多彩。由于每个人的先天禀赋及后天经历的不同,使得我们每个人的个性都不一样。有的人急躁,有的人沉稳;有的人热情开朗爱热闹,有的人冷漠好静喜独处;有的人精明强干工于心计,有的人质朴厚道大大咧咧;有的人率真明快,有的人深藏不露,等等。在这些个性当中,我们很难说清楚孰优孰劣,只能说是各有优缺点。因此,这就决定了我们不能用一种个性标准来要求所有的人,尊重他人的性格特征是人际交往中最起码的准则之一。

固然,性格类似的人之间可能在情感上更接近、交往中更投机,但这并不能成为排斥性格不同者的一个理由。如果从另一角度来考虑的话,性格不同的人之间如果能和平相处、精诚合作,往往会形成某种互补,产生一加一大于二的效果。

然而,只是尊重他人的个性还是不够的,我们还必须尝试着去了解他人的个性,并学会与不同个性的人进行交往。每一种个性都有其独有的特征,有其喜好和厌恶的地方。针对对方喜恶之不同,施以不同的交际手法是良好人际关系的关键所在。

在生活中,有的人对以上种种道理往往不理解,不愿意体谅对方的个性特征,只是从主观愿望出发,认为自己所喜爱的别人也喜爱,自己所厌

第1章 无处不在的社交心理学

恶的别人也厌恶,因此总是与别人发生矛盾和冲突,致使感情不和。

例如,开玩笑是一种很轻松的能联络情感的交际手段,但不分场合、不分对象地乱开玩笑就可能导致不好的后果。对开朗活泼的人可以开玩笑,而对严肃呆板的人开玩笑则是自讨没趣,并会产生误解。对同事可以开玩笑,而对上级开一些不得体的玩笑则不亚于自取灭亡。这都说明,面对多样性的个性,在人与人的交往过程中也必须采用多样性的方法和手段。

如果不了解人性和心理特征的不同,在工作和生活中会遇到很多的困难和麻烦:做下属时,不能团结同事,与他人时常发生纠纷,让领导感到头痛;即使做了领导,也很难得到下属衷心的支持,更谈不上激发下属的工作热情了。

因此,了解人性和心理,是建立良好人际关系的基础。

掌握正确与人交际的方法

积极地走出去,才能扩大与人交往的机会。如果睡着和等待,人缘是不会从对面走过来的。

"感谢周围的人对我的帮助",这是多数成功者常常挂在嘴边的话。周围的人即人缘。是否有人缘,往往左右着事业的成功与否。所以老实人要想改变,就必须从现在起建立人缘,建立高层次的人际关系。

说到人缘,很多人首先想到的是朋友。学生时代的同班同学、前辈、晚辈、同乡朋友、朋友介绍的朋友，等等。当然，这些故交也是一种人缘。

立志做创业者的人，不应该过分地依靠旧友，要不断地建立新的人缘。重要的是通过新的人缘扩大自己的世界，扩大视野。比起相同立场的人，不同行业、不同职业的人，或者不同年代的人更好。年轻的时候与长辈，年长以后与年轻人交往最好。

那么，怎样才能建立起新的人缘呢？为此，要有具体的行动。一言以蔽之，即积极地走出去，扩大与人交往的机会。睡着和等待，人缘是不会从对面走过来的。

公司以外的各种各样的聚会要率先出席。不仅是公司，自家当地聚会也要参加，不要嫌麻烦。如果有不同行业的交流会之类，也要主动地参与筹划。加入有关兴趣的圈子也是极好的机会。

有的人因为性格内向特别回避这种聚会，就应该以坚强的意志克服自己的厌倦情绪，积极地参加。要有坚强的意志，具备"要当创业者""要更加富有"的愿望。但只在内心包裹着这样的愿望是做不了创业者，不会富有的。因此，必须克服厌倦情绪。有的人自认为属于人缘广的人，但实际上性格很内向。由于性格内向，回避与人的交往，做不了创业者，所以硬是强迫着创造了善于社交的自己。试着多参加社交活动，会发现人生实际上是很快乐的。想把内心封闭起来的躯壳，一经行动便会被打破。一经打破，其后自然会容易得多。

参加各种聚会时，要注意以下几点，才能真正起到改善交际的作用。

1.互相"舔伤口"那样的聚会不要参加

那种一边声称学习、交流，一边喝酒互诉牢骚，以求互相安慰的聚会，有百害而无一利。知道后要赶快溜走。

2.努力做聚会的领导者

如果只是满足于做一般成员，就会总是一种小小的存在，不能建立起人缘。当然，有发言的机会时要常常积极地发言，提出各种方案。第二次聚会自己要首先邀约。总之，要使自己的存在得到好评，自己获得实质上的领导人地位。

3.给予胜过获取

只求获取，没有给予的人会使人讨厌。给予了自然就会轮到获取的机会。比如各种学习聚会，与其去受教育，不如抱着去教导的心情参加，结果不是能获得更大的益处吗？

三大黄金法则帮你避免社交雷区

喜欢别人，又能让别人喜欢的人，才是世界上最成功的人。

成功的人们大多喜欢广泛交际，并结成自己的"交际网"。比如，你要某人推荐几个供你拜访的朋友，如果这个人是个失败的人，他好不容易才能为你提供一两个人，而且好不容易才找到这一两个人的地址和电话。成功的人就不同了，他们会推荐出一大堆朋友，而且是在长长的名单上寻找，因为名单上包括各式各样的朋友。由此显示出成功者与失败者在交友方面的差别。

成功的人大多是有关系网的人。这种网络由各种不同的朋友组成，有过去的知己,有近交的新朋友,有男的,有女的,有前辈,有同辈或晚辈,有地位高的,有地位低的,有不同行业的,有不同特长的,也有不同地方的……这样的关系网,才是一个比较全面的网络,也就是说,在你的关系网中,应该有各式各样的朋友,他们能够从不同的角度为你提供不同的帮助;当然,你也要根据他们不同的需要为他们提供不同的帮助。这才是关系网应当具有的特征。

与人交往是机遇的源泉。交往越广泛,遇到机遇的概率就越高。有许多机遇就是在与朋友的交往中出现的,有时甚至是在漫不经心的时候,朋友的一句话、朋友的朋友的帮助、朋友的关心等等都可能化作难得的机遇。在很多情况下,就是靠朋友的推荐、朋友提供的信息和其他多方面的帮助,人们才获得了难得的机遇。

每一个伟大的成功者背后都有另外的成功者。没有人是自己一个人达到事业顶峰的,假如你决心成为出类拔萃的人,千万不能忽视人际关系,一定要建设好自己的人际关系网,因为这个关系网是能让我们终身受益的一种资本。

以下是终身受用的人际交往三大黄金法则。

法则一,以真诚换真诚

大家也许听过这样一个故事:一个生气的男孩想向他妈妈大喊他恨她,又害怕受到惩罚,就跑出家,来到山腰上对着山谷大喊:"我恨你!我恨你!我恨你!"山谷传来回应:"我恨你!我恨你!我恨你!"男孩吃了一惊,跑回家去告诉他妈妈说,在山谷里有个可恶的小男孩对他说恨他。于是他妈妈就把他带回山腰上并让他喊:"我爱你!我爱你!"男孩按他妈妈说的做了,这回他发现有个可爱的小男孩在山谷里对他喊:"我爱你!我爱你!"

第1章 无处不在的社交心理学

如果你用真诚对待身边的人,别人也会用真诚对待你,那么你将会赢得更多的东西。

我们每个人,在自己所接触的人中,会有各种各样的人,他们中有与自己合得来的,也有与自己合不来的。虽然我们有权利选择和什么样的人来往,甚至可以尽量不与和自己性格不和的人交往,但是,这绝不是一个英明的选择。因为我们都生活在一个集体之中,这就注定必须和这样那样的人相处,因此,我们只有积极主动地努力适应对方的性格特点,真诚地对待身边的每一个人,才能建立良好的人际关系。

法则二,亲疏有度,远近相宜

人际交往是满足人们需要的活动。心理学家霍曼斯早在1974年就曾经提出人与人之间的交往本质上是一种社会交换,这种交换同市场上的商品交换所遵循的原则是一样的,即人们都希望在交往中得到的不少于所付出的。其实得到的不能少于付出的,如果得到的大于付出的,也会令人们心理失去平衡。

人际交往要有所保留,初入社交圈中的人常犯的一个错误就是"好事一次做尽",以为自己全心全意地为对方做事会令关系融洽、密切。事实上并非如此。因为人不能一味接受别人的付出,否则心理会感到不平衡。"滴水之恩,涌泉相报",这也是为了使关系平衡的一种做法。如果好事一次做尽,使人感到无法回报或没有机会回报的时候,愧疚感就会让受惠的一方选择疏远。留有余地,好事不应一次做尽,这是平衡人际关系的重要准则。

留有余地,适当地保持距离,因为彼此心灵都需要一点空间。如果你想帮助别人,而且想和别人维持长久的关系,那么不妨适当地给别人一个机会,让别人有所回报,不至于因为内心的压力而疏远了双方的关系。而

"过度投资"，不给对方以喘息的机会，就会让对方的心灵窒息。留有余地，彼此才能自由畅快地呼吸。

法则三，诚信至上，让别人信任你

良好人际关系的一个重要条件就是人际信任。人的感情沟通是同质的：爱引起爱，嫉妒引起嫉妒，恨引起恨。这是感情的正相关效应。所以，我们只是以爱来唤起爱，以爱来回报爱，以信任来唤起信任，以信任来回报信任。

由于许多原因，现在很多人在人际交往中存在的一个问题就是对他人难以信任，在有些人眼中，社会复杂得就像个大黑洞，你无法看清它的真面目；他人都是心怀叵测，不可相信的。因此，在与人交往中，疑虑重重，唯恐上当受骗。有些居心不良的人固然是要防备的，但毕竟是少数，不能因此连朋友也拒之千里。过分地怀疑、猜忌、不信任，会使人难以交友，无法形成相应的人际关系，在这种氛围中工作、学习都会受到影响，个人心理压力也会很大。

但是，有些人容易走极端，在人际交往中对任何人都是以不设防的心态高度信任，这种做法也并不可取。有的人的鉴别能力不是很高，过度的信任他人会使人丧失应有的警惕，使别有用心的人有机可乘。

以下是人际交往中坚决要避免的三大社交误区。

误区一，心胸狭隘，认为人性是自私的

"海纳百川，有容乃大；壁立千仞，无欲则刚。"应该学会容纳别人，特别是容纳那些与自己意见相左的人，不要苛求于人，要设身处地地去理解人。这个世界之所以丰富多彩、生机盎然，不是因为彼此一致，而恰恰因为相互不同。宽容会显示你的气度，也会为你赢得朋友。

误区二，妄自尊大，认为别人都不如自己

每个人都有缺点，也同样都具有优点，去寻找他们身上的闪光点就是要用积极的态度看待人生。只看别人的缺点，难免觉得讨厌，而多关注一下他们的优点，你才会发现，他们是多么值得交往。关注别人的优点，学习别人的优点，是克服自己的缺点，不断走向成熟的一个重要途径。作为普通人，能发现别人的优点，会使你有一个好人缘；作为领导，能发现下属的优点，将会极大地鼓舞士气，赢得支持和帮助。

误区三，孤芳自赏，认为社交活动都是庸俗的、功利的

讲求实际并不可耻，因为它符合人的一些基本天性。正因为大家都有所追求，人才有上进心，世界才变得生机勃勃。如果大家都甘于清贫平庸，淡泊名利，社会也就谈不上什么发展了。这里提出的多一点功利，并不是要诱导人学着自私，而是要使他们在头脑中多一根利益的弦，从小处说是要能保护好自己的正当利益，从大处讲就是要不断壮大自己的实力，以积极的姿态去参与社交。在人际交往中多一点儿功利，可以减少我们交际的盲目性和片面性，增强我们的活动能力和活动空间。

点旺人气的八个策略

一个对周围的人真诚感兴趣的人两个月结交的朋友比另一个力求使周围的人对他感兴趣的人两年结交的朋友还要多。

人与人之间相处，人气指数很重要，也就是说，人气指数与人缘关系

呈正比。

以下是点旺人气的八个策略。

1.努力使自己永远受到热情接待

一个对周围的人真诚感兴趣的人两个月结交的朋友比另一个力求使周围的人对他感兴趣的人两年结交的朋友还要多。

不过，我们知道有些人一生都在努力使别人对他感兴趣，而他们自己对谁也没表示过任何兴趣。当然，这不会有什么结果。人们对你和我都不感兴趣，他们首先对他们自己感兴趣。

为了交朋友，不能自私，要努力关心他人，为此需要时间和热情。有一位亲王为周游南美洲，曾花几个月的时间学习西班牙语，以便用出访国语进行公开讲演。这使他博得了南美洲居民的热爱。

所以，你想引起人们的钦慕，你应遵循的第一条准则是：对人们表示出真诚的兴趣，努力使自己永远受到热情接待。

2.给人留下好印象

一次宴会上，宾客中有一位继承了一大笔遗产的妇女，她渴望给所有人留下美好的印象。她拿自己的财产买貂皮、钻石和珠宝，但她不注意自己脸部易于激动和自私的表情。她不懂得每个男人都清楚：妇女的脸部表情比她的服饰更重要。

行动比语言更富有表现力，而微笑似乎在说："我喜欢您，您使我幸福，我高兴看见您。"这就是我们为什么喜欢狗的原因吧。狗总是高兴看见我们，满意地跳来跳去。自然，我们也高兴看见它。装出来的笑容谁也瞒不过，装出来的笑容只能使人感到痛苦。我们在这里说的是真诚的微笑——使人感到温暖的微笑，发自内心的微笑。

3. 善解人意，体贴别人

一个体贴别人的人，总是设身处地地为别人着想，不让别人紧张、拘束，更不会让别人尴尬难堪。据说，莎士比亚就具有善解人意的神奇能力。在和人交往的过程中，他就像一条变色龙，能根据交往对象的不同特点，随着时间、地点的变化，进行应变。文学批评家威廉·哈兹里特指出："莎士比亚完全不具有自我，他除了不是莎士比亚之外，可以是其他任何人，或是任何别人希望他成为的人。他不仅具备每一种才能以及每一种感觉的幼芽，而且他能借着每一次的命运改换，或每一次的情感冲突，或每一次的思想转变，本能地预料到它们会向何方生长，而他就能随着这些幼芽延伸到所有可以想象得出的枝节。"

4. 成为好的对话人

成功交谈的秘密在哪里？著名学者查理·艾略特说："一点儿秘密也没有……专心致志地听人讲话这是最重要的。什么也比不上注意听—— 对谈话人的尊敬了。"倾听可以使他人感受到受尊重和欣赏，而这一点正是对方要的。

如果你想成为被人喜欢的人，请记住：要善于听别人讲话并鼓励其讲话。

5. 激起他人的兴趣

假如你想使人喜欢你，那么请谈论使你的对话人感兴趣的东西。要想找到打开人心扉的钥匙，必须同他谈他最向往的东西。

兰博在即将被选为副经理时，忽然有一位董事表示反对，这个意外的出现，使兰博的任命搁置下来。

兰博从朋友那里打听到这个董事有收藏古籍珍本的嗜好，每当遇到知音和称赞时就非常兴奋。兰博打电话给这位董事，真诚地说："如果在你的书室能欣赏到被人们赞誉的宝书,将是我一生的荣幸。"

董事邀请兰博来到自己的书室,并向兰博介绍了部分古籍的来历。

兰博一边看一边由衷地称赞,感谢董事让他大开了眼界,增长了见识,并时不时地向董事投去钦佩和敬仰的目光。

通过这次交流,董事对兰博当副经理的事完全赞成。而兰博也敬佩董事的博才,两人成了知心的朋友。

6.尊重他人的优点

有一条十分重要的涉及人们品行的准则。如果你不轻视这条准则,你几乎永远不会落入困难的境地。谁遵循这一准则,谁将有众多的朋友并经常感到幸福。准违反这条准则,谁就会遭受挫折。这条准则是:"尊重他人的优点。"你想得到您所接触的人的赞扬,你想让别人承认你的优点。你想在那个小天地感到自己能起些作用。

在人与人交往沟通中,主要靠语言的应用,讲对方想知道的、感兴趣的、关注的话题,讲他爱听的话,多赞美他人。如果说,批评和鼓励都是催人上进、激人发奋的一种手段的话,那么,在多种情况下,适当的赞美就往往能收到更好的效果。一个笑容可掬、善于发现和挖掘他人优点并给予赞美的人,肯定会受到别人的尊重和喜爱。

生活中的每个人,都希望得到他人的赞美。赞美会激发受赞美者的自豪和骄傲,从中了解自己的优点和长处,认识自身的价值;赞美能和谐人际关系,给人带来美好的心境;并且,当人们在鼓励、尊重对方的同时,也丰富了自己的生存智能。

7.会给别人保面子

你伤害过谁,也许你早已忘了。可是被你伤害的那个人永远不会忘记你,他绝不会记住你的优点。

第1章　无处不在的社交心理学

给他人保住面子，这一点是多么重要，而我们却很少想到这一点。我们常常是无情地剥掉了别人的面子，伤害了别人的自尊心，抹杀了别人的感情，却又自以为是。我们在他人面前呵斥一个小孩或下属，找差错，挑毛病，甚至进行粗暴的威胁，却很少去考虑人家的自尊心。其实，只要冷静地思考一两分钟，说一两句体谅的话，对别人的态度宽容一些，就可以减少对别人的伤害。事情的结果也就大大地两样了。

1922年，土耳其同希腊人经过几个世纪的敌对之后，土耳其终于下决心把希腊人逐出土耳其领土。穆斯塔法·凯墨尔对他的士兵发表了一篇拿破仑式的演说，他说："不停地进攻，你们的目的地是地中海。"于是，近代史上最惨烈的一场战争展开了。土耳其最终获胜。

当希腊的迪利科皮斯和迪欧尼斯两位将领前往凯墨尔总部投降时，土耳其士兵对他们大声辱骂。但凯墨尔却丝毫没有显现出胜利的骄气。他握住他们的手，说："请坐，两位先生，你们一定走累了。"

然后，在讨论了投降的有关细节之后，凯墨尔安慰这两位失败者；他以军人对军人的口气说："两位先生，战争中有许多偶然情况。有时最优秀的军人也会打败仗。"

凯墨尔即使在全面胜利的兴奋中，为了长远的利益，仍然记着这条重要的信条让别人保住面子。

8.给对方一条退路

要爽快的接受别人的意见，的确是一件很不容易的事。但是，如果是你的意见比较占优势，而他人想要逃避责任的话，这又该如何是好？这样的情况比起自己爽快的接受他人的意见难得多了。

这个时候，最差劲的就是逼得他喘不过气，或说不出半句话，这也就是所谓的"赶狗入穷巷"。他人被你逼得走投无路的时候，只好抓你的语病反击。如果在这种情况之下，你还不懂得给对方留些余地，对方表面上可能表现得很宽容，随便找个台阶下，但其内心的煎熬却不像表面那样，这种屈辱有机会他一定会讨回来。

如果你能够遇到一位心胸宽大，且真正欣赏你的人，这是你的福气，你要心存感谢。千万不要因为这样就趾高气扬不可一世。孙子兵法中也说过，攻敌时要留一条退路给敌人，若是把敌人团团围住而不留一条活路，敌人在走投无路的情况之下只好决一死战，倾全力反击。

因此，在与人意见的交涉中一定要为对方留一条退路，于人于己都行得方便。

能够仔细分辨别人的意图、动机、心情、感受和思想。一个社交能力强的人，必定是会盘算的人，他们会考虑到自己行为的后果，会盘算别人的可能行为，会计算自己的利益和损失，而所有这些盘算，都是在相关因素可能变动的情况下作出的。因此，只有认知能力较强、善于察言观色的人，才能在复杂多变的情况下，作出这些盘算来。这种人际交往智慧每个人都具有，关键是怎样使之不断增强，怎样把它们在生活中发挥出来。

第2章

[**心理学改变自己**]
[强大内心壮大气场的心理策略]

那些具有积极心理态度的人能从逆境中求得极大的发展。要用积极的心理态度去激励自己,去得到自己期望的目标。在激励自己和别人时,要充满热情,战胜胆怯和恐惧,与人沟通时要说话响亮,语速适中,强调重要词汇,做出适当的停顿,最后关键的一点是,记得微笑。

先认清自我,再绽放个性

把他人当做自己的镜子,时刻接受别人的监督,听取别人的意见,这样才能做出正确的抉择。

我们经常因为人际关系不畅而焦头烂额,也常常抱怨这个社会太过复杂,觉得世事艰险、人心难测。但实际上,我们之所以觉得事事难遂己愿,不是世界不对,而是我们自己有问题。很多时候,我们不能认清自我,对自己没有一个正确的认识。

有一则伊索寓言正是不能清醒认识自己的典型。

赫尔莫斯想要了解他在世间拥有何等地位,于是化作凡人,来到一家雕刻店铺。

他看到主神宙斯的雕像,便指着问雕刻匠:"这尊雕像多少钱?"

"一个银元。"雕刻匠答道。

他又笑着问:"赫拉(宙斯之妻)的雕像多少钱?"

雕刻匠回答:"比宙斯的雕像要贵一些。"

接着赫尔莫斯看到自己的雕像,心想他作为宙斯的使者,又是商人的庇护神,世人肯定对他刮目相看,就很自信地向雕刻匠询问自己的雕像多少钱。

雕刻匠回答说:"如果你买了刚才那两尊雕像,这尊就免费送给你了。"

这则寓言极具讽刺意味,对那些妄自尊大者无疑是当头棒喝。

认识自我,在心理学上称为自我知觉,是指一个人了解自己的过程。像老子说的:"知己者强。"一个人越了解自己,就越有力量,因为他知道扬长避短,怎样最好地发挥出自己的潜力。只有认清自我,才能绽放个性。

客观地认清自我,知道自己的长处,才能在人际交往中真实地做自己。能够认清自我的人,不会人云亦云,而是有着自己的主见和交际原则,也不会邯郸学步,而是懂得在众人面前表现自己独特的一面,正是因为这种客观的自我认知,才会赢得别人的尊重和欢迎。

那么怎样才能认清心中的那个自我呢?

把他人当做自己的镜子,时刻接受别人的监督,听取别人的意见,这样才能作出正确的抉择。

透过镜子,也许可以看到一个你平时看不到的自己,难以直视内心里的那个你。

利用心理暗示改变自己

你完全可以运用心灵的力量,来决定你的生或死。甚至,如果你选择活下去,你还可以决定自己要什么样的生活品质。

第二次世界大战的时候，凶残的德军曾经对一个俘虏做过一个实验。

他们把他绑起来，蒙上眼睛，告诉他要把他的血放光。然后在他的手腕处施加一点刺痛，再用水龙头一滴一滴地放水，发出不断的滴答的声音。

他们也许只是想捉弄他，但是想不到的是，过了一段时间，这个俘虏竟然真的死了。当时并没有任何致命的措施施加给他，那他为什么会死呢？

心理学家告诉我们，这是心理暗示发生的作用。

所谓心理暗示，是指在无对抗的条件下，通过语言、行动、表情或某种特殊符号，对他人的心理和行为发生影响，使他人接受暗示者的某一观点、意见，或者按照被暗示的方式活动。

在这个事例中，德军给俘虏的暗示是：要把他的血放光。而这个俘虏相信了他们的话，就是接受了他们的暗示，影响了自己的身体机能，导致自己死亡。

暗示施行起来是非常简单的。暗示者只要给一些现成的信息，使被暗示者无批判地接受，暗示就会发生作用。

暗示不需要讲道理，只靠直接的提示。

有这么一种戒烟电话，当一个人烟瘾上来难以控制时，就可以拨打它，然后就会听到难听的气喘声和咳嗽声。这就是在暗示你，如果不戒烟，下场也会是这样。这种暗示，往往比大堆的说教还要有效，也许是因为给人的感觉很直接。

那么，人为什么会接受别人的暗示呢？难道人们没有所谓的主见吗？

人格心理学家告诉我们，任何人的判断，都是由人格中的"自我"部分，综合了个人需要和环境限制之后而作出的。这样的决定和判断，我们称为主见。

一个"自我"比较发达、健康的人，是比较有主见的。但是，我们知道，人不是神，世上并没有万能的和完美的人，任何"自我"都不可能在所有情况下都正确。这就导致了完全有主见的人是不存在的。

正是"自我"在客观上的缺陷，为别人的影响和心理暗示，留出了空白，提供了机会。

《三国演义》中有一段"望梅止渴"的故事，讲曹操有一次率兵马远途跋涉，天气炎热，官兵们又累又渴，偏偏又找不到一口水井或一条溪水。于是曹操对士兵们说："前面山上有一片梅林，马上就要吃上梅子了，到时就不渴了！"

梅子是酸的，人们一提到"酸"，就会分泌大量唾液，这样就可以暂时解渴。士兵们听到曹操说有梅子，一下子在嘴里分泌了许多唾液，感到不那么渴了，也来了精神，不自觉地加快了脚步。

在这里，曹操就巧妙地使用了心理暗示。

在生活中，有许多因为心理暗示的作用，而对人产生重大影响的事例。

有两个发烧、虚弱无力的人怀疑自己得了某种疾病，来医院问诊。该医院由于某种疏忽，把两个病人的病情诊断单给错了。

一个原本只是普通感冒的病人拿到了已患癌症的诊断单，而那个真正身患癌症却不知情的病人却拿到了一张只是普通流感的诊断单。

结果，不久之后，那个拿到患有癌症诊断单的病人就因为不断地想到自己患有癌症，快要死了，结果他真的死了。另一个拿到普通流感诊断单的癌症患者却认为自己只是小感冒而已，没什么大不了的，正常生活，开心工作，反而病情渐趋好转。

在日常生活中，应用这种含蓄的暗示，往往比简单粗暴的命令收效更大。

比如说，简单地吩咐孩子快去睡觉、闭上眼睛，往往并不见效，反倒使孩子更加兴奋。这时，我们不妨在被窝里给孩子讲故事："有一天，小猫咪要出去玩。妈妈对他说别的小朋友都睡觉了。小猫咪不听，走到河边一看，鱼都睡觉了。走到森林一看，小狗都睡觉了。走到田野一看，小鸡都睡觉了，睡觉了，睡觉了，他们都睡觉了，他们都把眼睛闭上了。小猫咪想，妈妈说得对，我也想睡觉了。于是，他……"

讲故事的过程中，注意用一种单调的疲倦的声音，同时不断重复"睡觉了""闭眼了"等，声音渐弱，最后似有若无。孩子就会在你的暗示下平和地睡着。

一名运动员的成绩已经非常接近世界纪录了，这时，他的教练在旁边轻轻暗示道："你能行，你一定能得第一！"这一暗示激发了他全部的潜能，使他发挥到最好，在比赛中真的得了第一。

一位老师认真、温和地对一个成绩不好又调皮捣蛋的学生说："老师早就看出来你是一个很聪明、听话的好孩子，只要你努力努力，你就能考上好大学。"这个学生就会受到聪明、听话、能考好的暗示，真的开始认认真真地努力学习，最后考上了梦想的学校。

当对方遇到挫折痛苦不堪，想逃避痛苦时，你轻抚着他，安慰他说："快过去了，快过去了，一切都要过去了。"这种暗示就能有效地减少他忍耐的痛苦。

当你想让对方为你做成某件事时，你不妨预先为他设想并表达出做成这事后会得到哪些美好的东西，让他不自觉地按照你所说的在头脑中勾画出一幅激动人心的情景。这个美景就会对他构成一种有力的暗示。为他提供动力，提高抗打击、抗挫折的能力，保持旺盛积极的劲头，从而完成你要他做的事。

心理暗示也可以针对自己，如果你经常对自己说："我能行，我是最好的！"就能调动起很大的能量。

一幅海报上分别画着一个蚕茧、一条毛毛虫和一只蝴蝶。底下有一行字："选择——同样是一生，你愿意当哪一种？一条虫？一个茧？还是蝴蝶？只要你想做，你就能做到。"

有位著名的心理专家说："你完全可以运用心灵的力量，来决定你的生或死。甚至，如果你选择活下去，你还可以决定自己要什么样的生活品质。"

许多成功学家提到，人要有积极的心态，要善于自我激励就是这个意思。一个人的强大首先是心灵的强大，运用积极的暗示，让自己变得更强。

 勇敢地表现自己，提高抗压力

压力会让你呼吸加速，心跳加快，但是你是否感觉到，当你准备鼓起勇气要突破自我时，也会感到呼吸加速，心跳加快。反正你身体的反应是一样的，为何不去用勇敢来代替压力呢？

爱默生这样说："一个年轻人踏入社会，就像一叶小舟驶进大江大河一般，处处都要谨慎小心，要时时仔细察看周围的障碍与困难，然后设法一一清除，这样才可以安然穿过河口，驶入大海之中。"

记住：你是舞者，不是看客！如果你渴望成功，渴望幸福，就要有承担一切的勇气。

比如，有一天你想去爬山，而这种活动有常人不能想象的艰辛和困难，甚至有生命的危险。也许你首先是为自己突如其来的想法而感到害怕。我们一般都喜欢自己的周围有安全感和受到保护，例如，我们的家庭、我们的工作、我们的朋友等等，总之都是希望过一种稳定的生活。

但是你告诉自己，有些事情决定了，只有坚持。因为在你的内心深处隐藏着一种不安分的东西。这种不安分的东西总是在说，这里并不能使你平静地生活。而且好像有什么东西总在催你逃避什么似的。

当你打起背包，要装上所有旅途需要的工具：勇气，是你在黑夜的孤独中的护身符；爱，是驱散幽灵的武器；信心，是在黑暗中指路的明灯；幻想，是抵御疲劳的精神武器。

你背着满满的行囊开始迈出了第一步。你需要进行训练。在没有攀登小的山峰之前，先不要攀登8 000多米的高度。

最后，你会到达相当的高度，这里只差几公里就到顶峰了。你会感到疲劳，没关系，需要休息就休息，和你同行的人聊聊天，在爬山的路上总有同行者。可以与同行的人交流感受和看到的各种美景，让你们之间的交谈能够促使你更有信心攀登余下的几公里。睡好、吃好，重新上路。

突然，你会感到在不知不觉中你已经攀登了相当长的一段路程。这时，当你从几千米的高度向下望去，你的疲劳、你脚底的疼痛和你最初的害怕，都会在尽收眼底的一片美不胜收的景致中消失。

你尽情地享受你所看到的一切，因为这是你付出的努力的最好回报。

此时你的身心正在发生变化。你的身体会感到更加健康和强壮，你会感到没有什么危险是不能征服的。

第2章 心理学改变自己

世界就在你的脚下。你会对你的努力和克服的困难感到无比的自豪，你会感到那是一种巨大的享受。同时你也会感到所有勇敢的人都会像你一样可以登上顶峰。

这时，你一定想把这一令人难以置信的想法告诉给所有的人。你也一定会以一种崭新的思想看待所有的事物。你会感觉蓝天离你越来越近，地球上留下的种种问题是那么的渺小。

有些人对自己总是没有信心，一个来之不易的摆在眼前的良好机会，他总是不相信自己，拿不定主意，于是就去问别人，希望在别人那里得到一些鼓励，获得一些帮助，结果是问了10个人有9个人说不能做，这样，随波逐流，放弃了机会。

事实上，谁敢说自己有百分之百的成功把握呢？

机遇来自于新生事物，而新生事物之所以新，就是因为90%以上的人还不知道，还未认识，等90%的人知道了就不再是新生事物了。你可以想想10年前的股票，20年前的君子兰……所以我们务必记住，一切要靠自己去把握。

在这个竞争激烈而又千变万化的世界上，放弃了机遇也许就放弃了成功。尽管抓住机遇不等于抓住成功，至少我们还有机会，有施展自己才华的舞台。

我们必须有新的观念、新的方法、新的发明、新的创造、新的赚钱之道、新的理财技巧……我们才能立于不败之地。

或许我们现在还是不够强大，还是有些稚嫩，还有很多连自己看来都不满意的地方。这些都是不要紧的，关键是你有没有表现自己的勇气。

● 自信的人最有魅力

当我们的心中充满坚毅、勇气和信心时,那些束缚我们提升自我的因素将不复存在。

人要改变自己,就需要时时处处充满自信。不仅要在自己内心里相信自己,而且要在公众面前表现出这种自信心。

当我们的心中充满坚毅、勇气和信心时,那些束缚和限制我们提升自我的因素将不复存在。

我们的生存状态并不能决定这一生的命运,真正决定我们命运的是你是否对自己充满了信心,是否对未来的生活充满了希望。当我们以乐观积极的态度面对自己的生存状态时,我们便开启了生命的原动力。

我们每个人来到这个世界都是被动的,我们无法选择自己的肤色,就如同我们无法选择遗传基因中的聪明与愚笨一样,但我们可以选择对人生的态度。

在美国的纽约,有一个黑人小孩,望着小贩卖的气球,心中觉得很纳闷,于是他就走过去问小贩:

"叔叔,为什么黑色气球跟其他颜色的气球一样也会升空呢?"

小贩不懂他的意思,就反问说:"嘿,小朋友,你为什么要问这个问题?"

黑人小孩回答说:"因为在我的印象里,黑人象征着穷、脏、乱和无知。我看到白种人、黄种人甚至印第安人都飞黄腾达,成功致富,过

第2章 心理学改变自己

着令人羡慕的生活，可是我从来没有看到一位黑人出人头地。所以当我看到红色气球、黄色气球、白色气球升空，我相信，可是我从来不相信黑色气球也会升空。我刚才真的看到了，它也能升空，所以我想来问问你。"

小贩理解了他的意思，告诉他："啊，小朋友，气球能不能升空，并不取决于它的颜色，而是里面是不是充满了氢气，只要充满了氢气的话，不管什么颜色的气球都能升空。同样，人也是一样，一个人能不能成功跟他的肤色、性别、种族都没有关系，要看他是不是有勇气和智慧。"

正如这位小贩所说，有一天当我们心里充满了自爱、坚强、勇气、毅力这些乐观因素时，那些束缚我们上升的因素将不复存在。当我们心里充满了悲哀、自卑、自贬、愤世不平等悲观因素时，那些束缚就会成为真的束缚，使我们不但升不起来，还会不断沉沦。

以下是建立自信的几种方法：

（1）站得直。不许没精打采，不许手插兜，头要高高抬起。不要觉得这是陈词滥调。你自己会因此觉得很好，而且周围的人也会感受到你的自信。

（2）不要说"我觉得""我认为"，除非真的有必要。这些词语会让你和自信无缘，对你可没什么好处。

（3）当你认为自己不可能得到你想要的，很可能的是你不会得到它。但如果你相信自己，很可能的是你迟早会得到它。

（4）沟通。有能力表达自己，以获得自己想要的、需要的和应该得到的东西。

（5）重视自己的生命。

（6）积极地参加各种能带给自己才能和优秀感觉的活动。

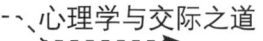

（7）通过一些行动，感觉自己有影响力并且促成了一些事情的改变。

（8）主宰自己和自己的生活。

（9）克服自己的恐惧，做一些明智的冒险。

你的微笑能给任何人带来快乐

每个人都希望受到别人的关注和尊重，其实这一切都很简单，就是学会微笑。

汤姆已经结婚18年多了，但他每天早上起来，到要上班的这段时间，他很少对自己的太太微笑，或对她说上几句话。汤姆觉得自己是百老汇心情最差的人。

后来，在汤姆参加的继续教育培训班中，他被要求准备以微笑的经验发表一段谈话，他就决定亲自试一个星期看看。

在那之后，汤姆要去上班的时候，他记住要让自己的心情好起来，他就会强迫自己改变过去的形象，每天早上都对太太微笑着说一声"早安"；他微笑着跟大楼门口的警卫打招呼；他也对地铁的检票小姐微笑；当他站在交易所时，他甚至对那些以前从没有见过自己微笑的人微笑。

汤姆很快就发现，每一个人也对他报以微笑。他以一种愉悦的心情，来对待那些满肚子牢骚的人。他一面听着他们的牢骚，一面微笑着，于是问题就容易解决了。汤姆发现微笑带给了自己更多的收入，每天都带来更多的钞票，而且自己的心情感觉越来越愉快，生活充满了幸福感。

汤姆跟另一位经纪人合用一间办公室，对方的职员之一是个很讨人喜欢的年轻人。汤姆告诉那位年轻人最近自己在心情方面的体会和收获，并声称自己很为得到的结果而高兴。那位年轻人承认说："当我最初跟您共用办公室的时候，我认为您是一个闷闷不乐的，心情总是很糟糕的人。直到最近，我才改变看法：当您微笑的时候，您很慈祥。"

是的，我们的心情会改变我们的形象，有了好的心情，我们就会多一点笑容，而我们的笑容就是我们好意的信使，我们的笑容能照亮所有看到它的人。对那些整天都看到皱眉头、愁容满面、视若无睹的人来说，我们的笑容就像穿过乌云的太阳；对那些受到上司、客户、老师、父母或子女压力的人来说，一个笑容能帮助他们了解一切都是有希望的，也就是世界是有欢乐的。而同时，因为我们的付出，因为我们的好心情为我们赢得了事业、尊重、友谊、爱情，甚至赢得了我们的未来。

世界上的每一个人，都希望自己能够过上美满幸福的生活，希望自己能够有一个好的未来，受到别人的关注和尊重，其实这一切都很简单，学会微笑，学会给自己一个好心情。当我们抱怨为什么自己失败多于成功的时候，我们不妨反思一下，我们是不是心情差的时候多于心情好的时候呢？

摆脱紧张、恐惧和羞涩感

遇到公开讲话这种会紧张的时刻,不妨嚼一片口香糖。据说是因为人类在危险的时候会自动停止咀嚼,所以吃东西的时候可以使自己增加安全感,有助于摆脱紧张和恐惧心理。

好的社会交往可以减少孤独、寂寞、空虚、恐惧、痛苦,可以宣泄愤怒及压抑。因此,社会交往对于心理健康具有重要意义。有些人在社会交往中不敢交往、不愿交往、不能交往,这就属于社交心理障碍。社会交往心理障碍造成的影响有:不敢或不能与人交往;交往变得困难;交往给人带来的是不愉快、压抑等消极情感体验。

日常生活中,出现一些社会交往上的困难、不适应,这是难免的、正常的。然而,人际关系严重失调或经常失调的人,往往有可能存在个性缺陷、认知错误或心理障碍。

1.人际关系敏感

小刚是一名高中男生,心理非常脆弱,别人说两句难听的话或做一些有点过分的事时,他就受不了了。他敏感多疑,喜欢猜忌别人会说他的坏话,做事时,总爱看别人的脸色,唯恐会得罪人。他觉得别人都会欺侮他,肆意地践踏他的自尊。总之,他觉得自己生活在不快乐之中,很苦恼也很困惑。

很明显,小刚是由于人际关系敏感而不能正确处理个人和社会的相互关系,在人群中感到不自在,与人相处时有较强的戒备、怀疑和嫉妒心理，在人际关系上存在着种种困惑，与身边人的关系也很紧张。

一般来说，过于敏感的人容易对别人的话语和行为产生过多的猜疑，过多地在乎别人的眼光，这样，引来的却是过多的痛苦、内疚、难为情，也给自己添了不少恐惧：唯恐多说一句话，多行一步路惹怒了周围的人。

于是，有些敏感的人学会了隐藏自己的个性，以为只有这样才是最稳妥的，却不知道，一直活在别人的眼里，其实是最痛苦的，甚至让人呼吸感到困难。

克服人际关系敏感的方法是：消除不合理的想法，充实自己的内心，让内心得到成长，收回把敌意投射到别人身上的防御模式，消除人际敏感。

如果你不喜欢某些人的行为而又无法回避，那就先试着学会与之共处——一次即可。然后再站在对方的角度想想他为什么会如此，你可能就学会了宽容与接纳对方。

也许你比别人更擅长做一些事情或某些活动，那就在有机会的时候多表现自己的长处吧！可能的话，在众人面前，多说自己内行的话题，多做自己熟悉的工作，这样你会感到心里有把握，而不会感到紧张和压力。

2.社交恐惧症

小王今年35岁，身材高大，平时西装革履，是一个十分潇洒的年轻人。小王是一位工程师，大学毕业后就一直活跃在建筑工地上。5年前他开始承包一些大型建筑工程，事业蒸蒸日上。可是3年前，在一次同学聚会后，小王开始变得容易紧张，怕见陌生人，而且在公众场合会害羞，不敢与他人交往，尤其是参加工程洽谈时更是如此。因为说话时面部表情不自然，常感到脸红、心跳加快、表达困难，所以他不敢与客户对视，这直接导致很多工程项目的丢失。在表面上小王还能支撑着，努力不让别人察觉，但是他内心的紧张、焦虑令自己万分痛苦。后来每遇到这样的场合他就想回避，但大多数情况下又回避不了。因此小王担心是自己的身体出了什么问题。

小王的情况属于典型的社交恐惧症。过分害怕别人的凝视是该症一个明显的特征。只要身在社交或公共场合中，患者就出现紧张、焦虑，严重时可出现惊恐发作，并可能会有伴随的躯体症状，比如颤抖、脸红、出汗、心悸、呼吸困难、腹痛等。一般来说，患者会自动回避绝大部分的社交活动，总是处于一种焦虑状态。

社交恐惧症主要可以分成两类：

第一类是一般社交恐惧症。如果有人患了一般社交恐惧症，在任何地方，任何情境中，他都会害怕自己成为别人注意的焦点。可能会感觉到周围每个人都在看着自己，都在观察自己的每个动作。患者害怕被介绍给陌生人，甚至害怕在公共场所进餐、喝饮料，所以患者会尽可能回避去商场，也尽可能回避进餐馆。

第二类是特殊社交恐惧症。如果有人患了特殊社交恐惧症，他就会对某些特殊的情境或场合特别恐惧。比如，害怕当众发言，当众表演。

3.见人羞怯

有时你的羞怯不完全是由于过分紧张，而是由于你的知识领域过于狭窄，或对当前发生的事情知道得太少的缘故。假若你能经常读些课外书籍、报刊杂志，开拓自己的视野，丰富自己的阅历，你就会发现，在社交场合你可以毫无困难地表达你的意见。这将会有力地帮助你树立自信，克服羞怯。

第2章 心理学改变自己

宽容的心让"自我感觉"更加良好

第一次饭，第一次酒，你请。你都不知道你自己会因此而自我感觉良好多久。

贪欲无边无际，可以无限制地扩展，这其中的动力，便是自私之心。私心是由过分看重自我的私名和私利而产生的，私心是万恶之因，也是万错之源。它使自我只求满足一己之私利，片面追求自我的名誉和地位，而置他人的利益甚至生命于不顾；它使大团体为迎合小团体成员的狭隘名利之心，而置社会整体利益于脑后。

自私自利的人脑子里只是满装着自己，他们不会爱别人，更不懂得为别人而付出。他们总是认为自己是这个世界的中心，外在的一切都是他自己的一部分。因而，他们不愿奉献，因为这无异于从他们身上割肉。

从前，有两位很虔诚、很要好的教徒，决定一起到遥远的圣山朝圣。两人背上行囊，风尘仆仆地上路，誓言不达圣山朝拜，绝不返回。

两位教徒走啊走，走了两个多星期之后，遇见一位白发苍苍的圣者。圣者看到这两位如此虔诚的教徒千里迢迢去朝圣，十分感动地告诉他们："从这里距离圣山还有10天的脚程，但是很遗憾，我在这十字路口就要和你们分手了，而在分手之前，我要送给你们每人一件礼物。不过你们当中一个要先许愿，他的愿望会马上实现；而第二个人则可以得到那愿望的两倍。"

其中一个教徒心里想："太好了，我已经想好我要许什么愿了，但我不能先讲,那样的话太吃亏了,应该让他先讲。"而另一个教徒也怀有这样的想法:"我怎么可以先讲,让他获得两倍的礼物。"于是,两个教徒就开始假装客气地推让起来。"你先讲!""你比我年长,你先许愿吧!""不,应该你先许愿!"两人彼此推来让去。最后两人都不耐烦起来,气氛一下子变得紧张起来。"你干嘛呀?""你先讲啊!""为什么你不先讲而让我先讲?我才不先讲呢!"

到最后,其中一个气呼呼地大声嚷道:"喂,你真不识相、不知好歹,你再不许愿的话,我就打断你的狗腿,掐死你!"

另外一人见他的朋友居然和自己变脸,而且还恐吓自己,于是想,你无情来我无意,我没法得到的东西,你也休想得到。于是,他干脆把心一横,狠狠地说道:"好,我先许愿!我希望……我的一只眼睛瞎掉!"

很快地,这位教徒的一只眼睛瞎掉了,而与此同时,他的朋友双眼也立即瞎掉了!

本是一件皆大欢喜的事,因为两人的自私而成了悲剧。自私者企图拥有整个世界,结果却输掉了一切本应属于他的东西,反而变得更加贫穷了。这都是自私惹的祸!

因此,罗素曾说:"我的快乐日益俱增,一部分是因为我终于成功地驱除了某些根本不可能的欲望。但更大的原因,还应归功于心灵中逐渐减少了对自我的关心。"

爱是人生最值得珍藏的东西。每个人都渴望得到爱,没有爱,人就无法生存。外国有一句名言说,爱是万能的。的确,拥有了爱,便能拥有一切,包括财富和成功。

爱是美好的,但最伟大的爱是无私的,在渴望得到别人的爱的同时,也应该拥有一颗爱心,学会为别人付出爱。爱把宽容、温暖和幸福带给了亲人、朋友、家庭、社会和人类。当我们为别人付出一点爱的时候，自己也会得到爱的满足，能感受到真正的快乐，这种满足和快乐不会随着时间的潮流而波动，反而会在时间的酝酿中，越来越甜蜜，越来越醇厚。

 永远记住你受到的赞美

当你树立了一个敌人的时候，你所得的将不只是一个敌人，还会受到来自对方的十倍百倍的威胁。而你用高尚的人格感动了一个敌人使他成为你的朋友的时候，你所得到的也将不只是一个朋友，还有对方给予的十倍百倍的快乐和轻松。

人都有一种强烈的愿望——被人赞美，赞美就是发现价值或提高价值，我们每个人总是在寻找那些能发现和提高我们价值的人。

有一位小提琴演奏家在为人指导演奏时，从来不说一句话。每当学生拉完一曲，他就把这一曲再拉一遍，让学生从倾听中得到教诲和领悟。有一次，他收了一名新生，在拜师仪式上，他先让新生演奏了一首短曲。这个学生很有天赋，他的短曲演奏得出神入化，天衣无缝。等演奏完毕，演奏家照例拿着琴走下台，但他并没有奏响学生的这首曲子，而是把琴从肩上拿下来，深深叹了一口气，慢慢地走下台。众人不解地睁大了眼睛，他面对大家微笑着说："他拉得太好了，我没有必要再指导他，如果我再拉一遍只能是误导。"这个演奏家对学生的赞美和褒扬所表现出的磊落胸怀,赢得全场雷鸣般的掌声。

为自己叫好容易,为别人叫好困难,为对手叫好更困难。生活中有许多人只知为自己取得的进步和成功欢呼,对别人尤其是对对手取得的进步和成功却无动于衷,他们很少真诚地为别人和对手叫好。

可是你知道吗?为别人和对手叫好并不代表你就是弱者,你就是失败者。因为你为别人和对手叫好是一种美德,你付出了赞美,这非但不会损伤你的自尊,相反还会收获友谊与合作;为别人和对手叫好是一种智慧,因为你在欣赏他们的同时,也在不断提升和完善自我;为别人和对手叫好是一种修养,对别人和对手赞赏的过程,也是自己矫正自私与妒忌心理,从而培养大家风范的过程。美德、智慧、修养,是我们做人的资本。

一家成功的保险公司经理在谈到成功的秘诀时说,很重要的一条是:我们赞美我们的代理人,也赞美我们的竞争对手。

赞美别人是一种美德,赞美对手却是一种高素质的表现。

英格丽·褒曼在获得了两届奥斯卡最佳女主角金奖后,又因在《东方快车谋杀案》中的精湛演技获得最佳女配角奖。然而,她在领奖时,一再称赞与她角逐最佳女配角奖的对手弗沦汀娜·克蒂斯,认为真正获奖的应该是这位落选者,并由衷地说:"原谅我,弗沦汀娜,我事先并没有打算获奖。"

褒曼作为获奖者,没有喋喋不休地叙述自己的成就与辉煌,而是对自己的对手推崇备至,极力维护了落选对手的面子。无论谁是这位对手,都会感激褒曼,会认定她是值得倾心的朋友。

一个人能在获得荣誉的时刻,如此善待竞争对手,如此与伙伴贴心,实在是一种文明典雅的风度。

为了维护良好的人际关系,你的一言一行都要为对方——不论是朋友还是对手——的感受着想，学会安抚对方的心灵，不可以使对方产生相形见绌的感觉。与此同时，自己的心灵也会因此安然自得，获得一个极好的心情。

挪威著名的剧作家亨利·易卜生把自己的对手瑞典剧作家斯特林堡的画像放在桌子上，一边写作，一边看着画像，从而激励自己。易卜生说："他是我的死对头，但我不去伤害他，把他放在桌子上，让他看着我写作。"据说，易卜生在对手斯特林堡的目光关注下，完成了《社会支柱》《玩偶之家》等世界戏剧文化中的经典之作。

当你树立了一个敌人的时候，你所得的将不只是一个敌人，还会受到来自对方的十倍百倍的威胁。而你用高尚的人格感动了一个敌人使他成为你的朋友的时候，你所得到的也将不只是一个朋友，还有对方给予的十倍百倍的快乐和轻松。

1.接受别人的赞美，忘记别人的批评

俗语有"宰相肚里能撑船"之说。古人的与人为善之美、修身立德的谆谆教诲也警示世人，一个人若胆量大、性格豁达，方能纵横驰骋；若纠缠于无谓的鹬蚌之争非但有失儒雅，反则终日郁郁寡欢、神魂不定。唯有对世事时时保持心平气和、宽容大度，才能处处契机应缘、和谐圆满。

如果一语龃龉，便报复打击；一事唐突，便种下祸根；一个坏印象，便一辈子记恨于心，这就说不上宽容，就会被称为"小肚鸡肠"。真正的宽容，应该是能容人之短，又能容人之长。对才能出众者，也不嫉妒，唯求"青出于蓝而胜于蓝"，热心举贤，甘做人梯，这种精神将为世人称道。

人要活得愉快，就得少烦恼；要少烦恼，心胸就得豁达一些，宽广一些。学会宽恕自己和容忍别人，学会接受自己，不对自己过分苛刻，也不看不起自己。这就叫做宽舒人生。本来，生活就应该从容不迫，悠然自得。

2.学会赞美自己

渴望得到别人的赞美毕竟不如自己赞美自己来得容易。既然我们需要赞美，既然赞美可以让我们更上一层楼，催我们奋进，那就让我们学会赞美自己吧！

一个喜欢棒球的小男孩，生日时得到一副新的球棒。他激动万分地冲出屋子，大喊道："我是世界上最好的棒球手！"他把球高高地扔向天空，举棒击球，结果没中。他毫不犹豫地第二次拿起了球，挑战似的喊道："我是世界上最好的棒球手！"这次他打得更带劲，但又没击中，反而跌了一跤，擦破了皮。男孩第三次站了起来，再次击球，这一次准头更差，连球也丢了。他望了望球棒道："嘿，你知道吗，我是世界上最伟大的击球手！"

后来，这个男孩果然成了棒球史上罕见的神击手。

是自己的赞美给了他力量，是赞美成就了小男孩的梦想。也许有一天，我们能像小男孩一样登上成功的顶峰，那时再回首今天，我们会看见通往凯旋门的大道上，除了脚印、汗水、泪水外，还有一个个驿站，那便是自己的赞美。也许有一天你会赢来无数的鲜花和掌声，但你会发现，只有自己的赞美才是最美最真实的。

学会赞美自己，你的心境会豁然开朗，紧锁的眉头会慢慢地舒展。赞美自己不需要理由。让我们每天都发自内心地、真诚地对自己说上一声："今天，我做得很好。"只要坚持下去，你会发现自己变得很自信。烦恼、痛苦、忧愁将很少发生在你的身上。

第2章 心理学改变自己

内心强大的人从不自我炫耀

炫耀源于内心的不自信。心理学家认为"爱向别人炫耀"是一种内心需要被关注被肯定的表现,很可能是因为某种东西自己不常有,一旦拥有了,就希望藉以外界的羡慕来建立自信。

没有人愿意承认自己不如对方高明,这是每个人最起码的虚荣心。所以,19世纪的英国政治家斐尔爵士告诫那些向他求教的人说:"如果可能的话,要比别人聪明,却不要告诉人家你比他聪明。"

苏格拉底则告诉他门徒一个圆滑处世的方法:"我只知道一件事,就是我一无所知。"

人人都有虚荣心。有的人为了一点虚名,什么事都干得出来;有的人为了一点小面子,不惜捋起袖子拼老命。反过来,如果你满足了别人的虚荣心,让他觉得有面子,就是对他最好的赞美,他一定会对你心存好感,并回报于你。

法国哲学家罗西法古说:"如果你要得到仇人,就表现得比你的朋友优越吧;如果你要得到朋友,就要让你的朋友表现得比你优越。"这句话真是没错。因为当我们的朋友表现得比我们优越时,他们就有了一种重要人物的感觉,但是当我们表现得比他还优越,他们就会产生一种自卑感,造成羡慕和嫉妒。

李先生是某地区人事局调配科一位相当有人缘的骨干,在他刚到人事局的那段日子里,几乎在同事中连一个朋友都没有。因为他正春风得意,对自己的机遇和才能满意得不得了。因此，他每天都使劲吹嘘他在工作中的成绩，每天有多少人找他请求帮忙，那个几乎记不清名字的人昨天又硬是给他送了礼等等"得意事"，但同事们听了之后不仅没有人分享他的"成就"，而且还极不高兴，有意无意地跟他疏远。

李先生不明白那些同事为什么冷落自己，他并没有得罪他们呀！后来，经过当了多年领导的老父亲一语点破，他才意识到问题的症结到底在哪里，从此他很少谈自己而多听同事说话，因为他们也有很多事情要吹嘘，夸耀自己的成就远比听别人吹嘘更令他们兴奋。李先生与同事闲聊的时候，总是先请对方滔滔不绝地把他们的欢乐炫耀出来，与其分享，而只是在对方问他的时候，才谦虚地说一下自己的成就。这一来，他的人际关系越来越好，无论上司、同事还是下属，无不乐意与他交往。当他从科长升副局长时，没有一个人说闲话。

老子曾说过："良贾深藏宝若虚，君子盛德貌若愚。"意思是说商人总是隐藏其宝物，君子品德高尚，而外貌却显得愚笨。这句话告诉人们，必要时要藏其锋芒，收其锐气，不可将自己的优势让人一览无余。

没有人愿意承认别人竟然比自己高明。所以，在与人交往时，假如你确实比对方高明，别人是看得到的，但你不必试图证明你的高明。比如，有人说了一句你认为错误的话，或者做了一件你认为错误的事，这时，你告诉他正确的应该是什么，无形中将对方摆在学生的地位，而自居为老师。除非你真的是他的老师，否则他必然不服气。即使你真的是他的老师，他同样会存有异议。

无论是在言语还是在行为方面向人暴露自己的优越心理，都是令人反感的，所以智者会尽量保持甘居人下的谦逊姿态，结果他们反而受到大家的敬仰，被人们举得高高的。这难道不是一种更高明的策略吗？

第2章 心理学改变自己

生活中，一个无法回避的事实是，每一个人的能耐总是十分有限，没有一个人样样精通，所以，人人都可在某些方面成为我们的老师。当自以为拥有一些才艺时，你要记住，你还十分欠缺，而且会永远欠缺。正所谓学业有先后，术业有专攻。一定不要自命清高，狂傲自负，不然，成功将与你无缘。

自负的人通常是相当自恃、有野心和难以相处的，而且对自己的成就感到相当的骄傲，尽管他们表现得很有自信，但是他们仍然会对形势估计不足而犯下大错。一个骄傲自负的人常会认为，世界上如果没有了他，人们就不知该怎么办了。殊不知，天外有天，人外有人，这个世界离了谁地球都照样转。因为骄傲，他们就失去为人处世的准绳，结果总是在骄傲里毁灭了自己。

傲慢自负的集大成者，似乎当推东汉的祢衡。

祢衡很有才华，但性情高傲，总是看不起别人。当时，许都刚刚建立，贤人达士从四面八方向这里汇集。有人向祢衡说："你何不去许都，同名人陈长文、司马伯达结交呀？"祢衡说："我怎么能去同卖肉打酒的小伙计们混在一起呢？"又有人问他："荀文若、趟稚长将军又怎么样呢？"祢衡说："荀文若外貌长得还可以，让他替人吊丧还行；趟稚长嘛，肚子大，很能吃，可以让他去监厨请客。"

祢衡和鲁国公孔融及杨修比较友好，常常称赞他们，但那称赞却也傲得可以："大儿孔文举，小儿杨祖德，其余的都是庸碌之辈，不值一提。"祢衡称孔融为大儿，其实他比孔融小了将近一半的年龄。

孔融很器重祢衡之才，除了上表向朝廷推荐之外，还多次在曹操面前夸奖他。于是曹操便很想见见祢衡，但祢衡自称有狂疾，不但不肯去见曹操，反而说了许多难听的话。曹操十分恼怒，但念他颇有才气，又不愿贸然杀他。但后来，祢衡屡次侮辱曹操以及他手下官员，最终被杀。

有一个成语叫"虚怀若谷"，意思是说，胸怀要像山谷一样虚空。这是形容谦虚的一种很恰当的说法。只有空，你才能容得下东西，而自满，除了你自己之外，容不下任何东西。

有一个自以为是的暴发户，去拜访一位大师，请教修身养性的方法。

但是从一开始，这人就滔滔不绝地说话个没完。大师在旁边一句话也插不上，于是只好不断地为他倒茶。只见杯中的水已经注满了，可是大师仍然继续倒水。

这人见状，急忙说："大师，杯子的水已经满了，为什么还要继续呢？"

这时大师看着他，徐徐说道："你就像这个杯子，被自我完全充满了，若不先倒空自己，怎么能悟道呢？"

生活之中，我们常常不自觉地变作一个注满水的杯子，容不下其他的东西。因而，学会以虚心的态度去与人交往，你会更受欢迎。

控制不住情绪的人会被疏远

如果你在酒吧或者前台工作，在你身后放一面镜子。这样的话，当顾客发脾气的时候，就能从镜子里看到自己的丑恶嘴脸。一面镜子可以显著降低他们无理取闹的概率。

"控制情绪"的一个确切含义是：善于激发积极的情绪，适时、适当地释放不良情绪。

某个政党有位刚刚崭露头角的候选人，被人引荐到一位资深的政界要人那里，希望这位政界要人能告诉他一些在政治上取得成功的经验，以及如何获得选票。

但这位政界要人提出一个条件，他说："你每次打断我说话，就得付5美元。"

候选人说："好的，没问题。现在，马上可以开始。"

"很好。第一条是，对你听到的对自己的诋毁或者污蔑，一定不要感到愤恨。随时都要注意这一点。"

"噢，我能做到。不管人们说我什么，我都不会生气。我对别人的话毫不在意。"

"很好，这就是我经验的第一条。但是，坦白地说，我是不愿意让你这样一个不道德的流氓当选的……"

"先生，你怎么能……"

"请付5美元。"

"哦，啊！这只是一个教训，对不对？"

"哦，是的，这是一个教训。但是，实际上也是我的看法……"

"你怎么能这么说……"

"请付5美元。"

"啊！"他气急败坏地说，"这又是一个教训。你的10美元赚得也太容易了。"

"没错，10美元。你是否先付清钱，然后我们再继续？因为，谁都知道，你有不讲信用的赖账的'美名'……"

"你这个可恶的家伙!"

"请付5美元。"

"啊!又一个教训。噢,我最好试着控制自己。"

"好,我收回前面的话,当然,我的意思并不是这样。我认为你是一个值得尊敬的人物,因为考虑到你低贱的家庭出身,又有那样一个声名狼藉的父亲……"

"你才是个声名狼藉的恶棍!"

"请付5美元。"

这是这个年轻人学会自我克制的第一课,他为此付出了高昂的学费。

然后,那个政界要人说:"现在,就不是5美元的问题了。你要记住,你每一次发火或者你为自己所受的侮辱而生气时,至少会因此而失去一张选票。对你来说,选票可比银行的钞票值钱得多。"

要想使自己成为一个优秀的人,就必须克制自己的情绪,要懂得忍耐,能做到忍常人之所不能忍,必有一番大作为。

人的本性中,就有各种欲望欲求,七情六欲是人性之根,喜怒哀乐也是人之常态。人总是好美恶丑、喜新厌旧的,别人侮辱你总是让你愤怒的。一个不能克制自己的欲望,控制自己情感的人,只能在平凡和琐碎的懊悔中度过此生。

凡是那些受欢迎的人,都是具有很强的情绪自制力的人。卡耐基说:"学会控制情绪是我们成功和快乐的要诀。"没有任何东西比我们的情绪更能影响我们的生活了。如果无法控制情绪,将会因为不时的情绪冲动而受害。

我们在工作、生活、待人接物中,却常常依从情绪的摆布,头脑一发热,什么蠢事都愿意做,什么蠢事都做得出来。比如,因一句无甚利害的

第2章 心理学改变自己

谈话，我们便可能与人打斗，甚至拼命（诗人普希金、莱蒙托夫与人决斗死亡，便是此类情绪所为）；又如，我们因别人给我们的一点假仁假义，而心肠顿软，大犯错误（西楚霸王项羽在鸿门宴上耳软、心软，以致放走死敌刘邦，最终痛失天下）；还可以举出很多因情绪的浮躁、不理智等而犯的过错，大则失国失天下，小则误人误己误事。事后冷静下来，自己也会感到可以不必那样。这都是因为情绪的躁动和亢奋，蒙蔽了人的心智所为。

要想把握自己，必须控制你的思想，对思想中产生的各种情绪保持警觉性，并且视其对心态的影响好坏而接受或拒绝。

如果你正在努力控制情绪的话，可准备一张图表，写下你每天的体验并且控制情绪的次数，这种方法可使你了解情绪发作的频繁性和它的力量。一旦你发现刺激情绪的因素时，便可采取行动除掉这些因素，或把它们找出来充分利用。

永远以心平气和示人

如果你经常发怒，可以在心情好的时候告诉家人，把你发怒时的形象用照相机拍摄下来，事后你看看自己相机中的模样，准会大吃一惊，羞惭不已。

愤怒容易让人丧失理智。人在盛怒之下，容易作出傻事、蠢事。甚至会因一件平常的小事，生半天的气。发怒使人远离真理。世界上很少有因为愤怒就使问题和矛盾获得解决的；相反，人们常常因为愤怒把事情搞僵了，搞糟了。愤怒时，极而言之，极而行之，没了后退之路，没了回旋余地。本来有理，反而变成了没理；本来是小事一桩，结果闹成了大事，甚至不可收拾，盛怒之后，悔之晚矣。要想掌控你的情绪，就要适时浇灭你的愤怒之火，心平气和地面对人生百态。

俗话说，"人有七情六欲"，七情指的是"喜、怒、忧、思、悲、恐、惊"，怒是其中之一。人与人之间由于性格、修养、思维方式、生活方式等不尽相同，发生某些摩擦或冲突是难免的，愤怒情绪的出现也可以理解，然而，若是经常愤怒，或是愤怒一触即发，往往会使人的身心健康受到损害。

怒往往由气而生。人之所以会被"气"死，这是因为当人发怒时，会出现心跳过速，特别是有高血压、心脏病的人，往往会因为发怒而引起心律失常，或是发生心肌梗死而导致残疾。

希腊哲学家皮克蒂特斯说："计算一下你有多少天不曾生气。在从前，我每天生气；有时每隔一天生气一次；后来每隔三四天生气一次；如果你一连30天没有生气，就应该向上帝献祭，表示感谢。"

俄国大文豪屠格涅夫曾劝告与人争吵、情绪激动的人："在开口之前，先把舌头在嘴里转10圈。"如果你容易情绪激动的话，不妨试一试这个方法。

有的人脾气很坏，主要的表现就是动不动就发脾气。生气之后也总是很后悔，所以总是想办法去改自己的脾气。

有一个人脾气很坏，常常因此得罪别人而懊恼不已，所以一直想将这暴躁的坏脾气改掉。后来，他决定好好修行，改变自己的脾气。于是他

第2章 心理学改变自己

花了许多钱,盖了一座庙,并且特地找人在庙门口写上"百忍寺"三个大字。这个人为了显示自己修行的诚心,每天都站在庙门口,一一向前来参拜的香客说明自己改过向善的心意。香客们听了他的说明,都十分钦佩他的用心良苦,也纷纷称赞他改变自己的决心。

这一天,他一如往常站在庙门口,向香客解释他建造百忍寺的意义时,其中一位年纪大的香客因为不认识字,而向这个修行者询问牌匾上到底是写了些什么。修行者回答香客说:"牌匾上写的三个字是'百忍寺'。"香客没听清楚,于是再问了一次。这次,修行者的口气开始有些不耐烦:"上面写的是'百忍寺'。"等到香客问第三次时,修行者已经按捺不住,很生气地回答:"你是聋子啊?跟你说上面写的是'百忍寺',你难道听不懂吗?"

香客听了,笑着说:"你才不过说了3遍就忍受不了,还建什么'百忍寺'呢?"

这个人最后无奈地说:"哎,我这个脾气看来是改不了啦。"

大多数人生气之后也后悔,但是很少认错,往往会为自己找借口,他们常说:"我天生就这脾气。""我实在是没办法。"说这话的目的是为自己开脱,求得别人的原谅。

当一个人总是动不动就发脾气,看起来是无可控制时,有时候,我们也会纳闷,难道脾气真的是天生的吗?真的是无可改变的吗?一个人习惯于说自己"就这脾气"时,当我们数十遍地劝谏都无济于事之后,也许我们就会疑惑起来,难道他的脾气真是天生的吗?

先来看这样的禅宗故事吧。

禅师说法时不仅浅显易懂,也常在结束之前,让信徒提问题,并当场解说,因此不远千里慕名而来的信徒很多。

有一天，一位信徒请示禅师说：

"我天生暴躁，不知要如何改正？"

禅师："是怎么一个天生法？你把它拿出来给我看，我帮你改掉。"

信徒："不！现在没有，一碰到事情，那'天生'的性急暴躁，才会跑出来。"

禅师："如果现在没有，只是在某种偶发的情况下才会出现，那么就是你和别人争执时，自己造就出来的，现在你却把它说成是天生，将过错推给父母，实在是太不公平了。"

信徒经此开示，会意过来，再也不轻易发脾气了。

这个故事说明了一个浅显的道理，没有天生的脾气。任何人只要有心，没有改不了的坏脾气。

多认识快乐的人

快乐法则1：一群人在大笑的时候，人们会立刻看向这群人里最亲近的人。

快乐法则2：如果你看到某人时，很开心，溢于言表的开心，那么他们以后看到你也会手舞足蹈的。第一次也许不是这样，但第二次一定是。

快乐法则3：英国医学杂志发表的一篇研究显示：快乐情绪的影响，可远达三层外的人际关系。认识快乐的人，会让你变快乐的几率增加15.3%，认识有快乐朋友的人，会增加9.8%。

第2章 心理学改变自己

在这个世界上,两种不同的人造就了两种不同的态度。悲观的人,决定了消极的态度。乐观的人,则决定了积极的态度。面对生活,悲观的人总是看到失望,甚至是绝望;相反,乐观的人却总是在失望中找到最后的一线希望。下面这个故事可以帮助你更加明晰悲观和乐观的意义。

一位父亲欲对孪生兄弟做"性格改造"。一天,他买了许多色泽鲜艳的玩具给一个孩子,又把另一个孩子送进了一间堆满马粪的车库里。

第二天清晨,父亲看到得到玩具的孩子正泣不成声,便问:"为什么不玩那些新玩具呢?"

"玩了就会坏的。"孩子仍在哭泣。

父亲叹了口气,走进车库,却发现那个被关在车库里的孩子正兴高采烈地在马粪里掏东西。"告诉你,爸爸,"那孩子得意洋洋地向父亲宣称,"我想马粪堆里一定还藏着一匹小马呢!"

事实上,人所处的环境和自身的遭遇无所谓好坏,问题的关键在于你如何去想。悲观的人和乐观的人的差别恰恰在于对待事情的不同看法上。假如在你如饥似渴的时候,看到了半杯水,那么你是选择为自己拥有半杯水而庆幸呢,还是不停地抱怨:怎么不是一杯或一桶水呢?

一位心理学家曾经做过一个试验,他让一批学生打电话给陌生人,让他们为某赈灾机构捐款。当他们打了一两次电话而毫无结果的时候,悲观的学生说:"我干不了这事。"乐观的学生则说:"我要换个法子去试试。"这位心理学家认为:如果感到失望,那他就不会去掌握获得成功所必需的技能。

乐观者之所以成功是因为当事情一旦出差错时,他们总是尽力寻找出差错的原因,及时补救。在他们看来,成功应归功于自己的努力。而悲观者则是一味地抱怨、责备自己，为什么会出差错，他们把自己的成功视为一种侥幸。悲观是事业成功道路上的有害细菌，它会不断地繁殖扩散，把人的心灵笼罩在阴影之下，使人失去了进取的动力。而乐观则如同明朗天空中的阳光，给人以无穷无尽的斗志和勇气。

一定要做一个乐观的人，多与乐观的人做朋友。

第3章

[首因效应下的"看脸时代"]

眼缘在左,人缘在右

年轻漂亮、身材姣好的女孩和俊朗帅气、玉树临风的男生更容易得到想要的职位。这是人类本性中的好美恶丑的体现,也是人的基本心理倾向。我们要做到的,是通过改变自己来适应人类普遍存在的这种本性心理倾向。

让你的形象在45秒内印在他人的脑子里

心理学研究发现,与一个人初次会面,45秒钟内就能产生首因效应。并且这种先入为主的首因效应是人的普遍的主观性倾向,会直接影响到以后的一系列行为。

你遇到过这样的情况吗,第一次参加聚会,周围是陌生的人群,你犹犹豫豫,在心里打了无数次腹稿,可还是不知该怎样说出第一句话,该向谁迈出第一步。这时,你发现了一位家伙,他风度翩翩,从容不迫地先和你打招呼,并且泰然自若地和你侃侃而谈。你觉得对方开朗又热忱,态度亲切很有感染力,而且你注意到其他人跟你一样,也都被他所倾倒。

在我们生活的四周,总是有这种魅力无穷的人,他们易于察觉人际往来的微妙互动关系,只要有他们出现的地方,总是很能带动气氛,使人如沐春风,乐于和他们接近。

但魅力并不是如此简单。"人往高处走,水往低处流","结交需胜己,似我不如无"。人都有向上的心理,都崇尚有价值的东西,崇拜值得钦佩的人。如果你给别人的感觉是个平庸之人,他就觉得没有必要与你浪费时间。所以你就是再谦虚也万不可表现得自卑、自惭形秽,这样必遭别人轻鄙,你必须处处表现得从容自信、干练、有条不紊,不亢不卑,仿佛胸有百万兵。要给他这样一个感觉:此人能干,非同寻常,可为我之师,

第3章 首因效应下的"看脸时代"

同这样的人交往对我有利。

例如,有位记者觉得有必要结识一位女列车员,好报道车上先进事迹,她花5分钟的时间便"发展"了这位朋友,而且后来真的成了知己。当她们熟识后,那位列车员带着诡秘的眼神说道:"从你上车的那一刻起,我就从拥挤不堪的众人中把你注意上了,你超凡脱俗、聪慧神秘的仪态,当时就使我一惊:'这个女人不寻常!要认识她,才好呢!'"

第一印象的魅力由此可见一斑。

这种第一印象的影响在心理学上称首因效应。它是指人与人第一次交往中给人留下的印象,在对方的头脑中形成并占据着主导地位。人们与某物或者某人接触时会留下深刻印象,其中第一印象作用最强,持续的时间也长,比以后得到的信息对于整体的印象产生的作用都要强。也就是我们通常说的先入为主。

当我们进入一个新环境,参加面试,或与某人第一次打交道的时候,常常会听到这样的忠告:"要注意你给别人的第一印象噢!"

两个素不相识的陌生人第一次见面时所获得的印象真的有那么重要,以致在今后很长时间内都会影响别人对你的看法吗?

德国习性学家海因罗特在实验过程中发现一个十分有趣的现象。

刚刚破壳而出的小鹅,会本能地跟在它第一眼看到的自己的母亲后边。但是,如果它第一眼看到的不是自己的母亲,而是其他活动物体,它也会自动地跟随其后。

尤为重要的是,一旦小鹅形成对某个物体的追随反应,它就不可能再对其他物体形成追随反应。用专业术语来说,这种追随反应的形成是不可逆的,而用通俗的语言来说,它只承认第一,无视第二。

这种现象不仅存在于低等动物里,而且同样存在于人类之中。人类对最初接受的信息和最初接触的人都留有深刻的印象。

有这样一个心理学实验证明了首因效应的重要性。

美国心理学家卢钦斯设计了两段文字，描写一个叫吉姆的男孩一天的活动。

其中一段将吉姆描写成一个活泼外向的人：他与朋友一起上学，走在洒满阳光的马路上，与熟人聊天，与刚认识不久的女孩打招呼等。

而另一段则将他描写成一个冷淡内向的人：他放学后一个人步行回家，走在马路的阴暗一侧，没有与人打招呼、交谈等。

研究者让有的人先阅读描写吉姆外向的文字，再阅读描写他内向的文字；而让另一些人先阅读描写吉姆内向的文字，后阅读描写他外向的文字，然后请所有的人都来评价吉姆的性格特征。

结果，先阅读外向文字的人中，有78％的人评价吉姆热情外向，而先阅读内向文字的人，则只有18％的人认为吉姆热情外向。

可见，人们在不知不觉中，倾向于根据最先接收到的信息来形成对别人的印象。人们对你形成的某种第一印象，通常难以改变。而且，人们还会寻找更多的理由去支持这种印象。

有的时候，尽管你表现的特征并不符合原先留给别人的印象，人们在很长一段时间里仍然要坚持对你的最初评价。

心理学研究发现，与一个人初次会面，45秒钟内就能产生首因效应。并且这种先入为主的首因效应是人的普遍的主观性倾向，会直接影响到以后的一系列行为。

一般来说，首因效应主要体现在性别、年龄、相貌和衣着穿戴等外部特征方面，其次才是言谈举止。

这也就完全可以解释这样一种职场怪现象：年轻漂亮、身材姣好的女孩和俊朗帅气、玉树临风的男生更容易得到想要的职位。有的人吃了相貌的亏，有的人却占了相貌的便宜。这是人类本性中的好美恶丑的体现，也是人的基本心理倾向。

为了应对，许多大学生在求职前纷纷跑到美容院整容也是情有可原，现实情况如此，只能通过改变自己来适应人类普遍存在的这种本性心理倾向。

即便如此，一个人在谈吐、衣着打扮、举手投足间所透露出来的内在素质、涵养、气质和其他个性特征更能给人留下深刻的本质的印象。不管暴发户怎么刻意修饰自己，举手投足之间都不可能有世家子弟的优雅，总会在不经意中"露出马脚"，因为文化的浸染是装不出来的。

因此，在日常交往，尤其是与他人的初次交往中，我们可以利用首因效应，给他留下一个好的印象。

首先，注重仪表风度。通常，人们都愿意同衣着干净整齐、落落大方的人接触和交往。

其次，注意言谈举止。言辞幽默，侃侃而谈，不卑不亢，举止优雅，定会给人留下难以忘怀的好印象。

最后，要重视自己的涵养，丰富自己的头脑。一个学识渊博、对问题有独到见解、对事情有果断的处理能力、礼节有度的人更能征服他人的心。当然这要靠日积月累的磨砺，但它却能通过言谈举止、仪表风度等，在与人交往的每时每刻透露出来，影响他人对你的印象和判断。

首因效应在我们的日常交往中起着非常微妙的作用，只要能准确地把握它，定能给自己的事业开创良好的人际关系氛围。

初见4分钟，好感油然而生

一种既简单又最重要的获得好感的方法，就是牢记别人的姓名。

有一本叫《接触的最初4分钟》的书，它的作者提出，人们在彼此决定是否成为朋友时，接触的最初4分钟起着重要作用。

我们可能都有过这样的经历，当有新朋友介绍给你，甚至面对迎面走来的陌生人，在内心里不自觉地会马上作出一个喜不喜欢这个人或对他有没有好感的判断，这个判断直接影响你对这个人的看法和以后你们的交往。

而传说中的"一见钟情"实际上就是来自第一印象的极度好感。所以我们要重视在陌生人面前的第一次亮相：从仪表服饰、态度表情到第一句话，都要做精心的设计和妥贴的安排。以求赢得对方的好感。

给人在第一印象中留下好感十分重要，美国一位学者曾经说过："一种既简单但又最重要的获得好感的方法，就是牢记别人的姓名。"卡耐基也曾在《如何赢得朋友》一书中写道："一个人的姓名是自己最熟悉、最甜美、最妙不可言的一种声音。"善于记住别人的姓名，既是一种礼貌，又是一种情感投资。姓名是一个人的标志，人们由于自尊的需要，总是最珍爱它，同时也希望别人能尊重它。

在人际交往中，当你与曾打过交道的人再次见面，如果对方能叫出你的名字，你一定会感到非常亲切，对对方的好感也油然而生；而如果对方只觉得你面熟，再次向你请教"贵姓"，双方一定都觉得非常尴尬，亲切

第3章 首因效应下的"看脸时代"

愉快的气氛也会一扫而光。

　　记住别人的姓名可谓小事一桩，但往往能收到始料未及的效果。在一家旅馆的大厅里，一位客人来到服务台办住宿手续，还未等客人开口，服务小姐就先说："××先生，欢迎您再次光临，希望您在这儿住得愉快。"客人听后十分惊讶，露出欣喜的神色，因为他只在两年前到这里住过一次。这位客人因此而感受到了莫大的尊重，进而对那位服务小姐，甚至她所服务的旅馆产生了好感。

　　当然，由于各种原因，人们不可能将所有与他沟通过的人的名字全部记下来。但是要注意，如果万一忘记了对方的姓名，也千万不要像第一次见面那样直接请教，否则对方会有一种被忽视、不受尊重的感觉，而应该尽力回忆，比如与对方谈一些第一次见面时的情景，万一回忆不起来，便要用非常委婉的方式请对方告知，或坦率地承认自己的失误，以弥补缺憾。

 在最短时间内给人信任感

　　在向对方推销自己时，把自己说得过于完美，反而会引起对方的不信任。其实倒不如坦率地承认自己的弱点，让对方更加全面地了解你，这样他会觉得你更加真诚可信。

　　坦率承认自己的弱点，虽然是对自己某方面的否定，但却会给对方诚实、可信的印象，从而给你的第一印象加分。

初次见面，我们自然尽量想把自己好的一面展现给对方，以期给对方留下好印象。

但俗话说：金无足赤，人无完人。在向对方推销自己时，把自己说得过于完美，反而会引起对方的不信任。其实倒不如坦率地承认自己的弱点，让对方更加全面地了解你，这样他会觉得你更加真诚可信。

一位应届毕业生在用人单位负责人介绍自己的情况时首先就说："由于我平时喜欢打球，所以我的成绩并不怎么好……"结果，有些成绩比他好的未被录用，而他却被录用了。当然他可能是身上其他一些长处使用人单位感兴趣，但是他自我推销的技巧却是可以让人借鉴的。有的人在介绍自己的成绩时总是强调自己的成绩"非常优秀"，面对自己的不足讳莫如深，而他却能坦率地承认自己的成绩"并不太好"，这就给对方留下了真诚，可信的印象；而说自己"平时喜欢打球"，实际上向对方暗示他是一名体育爱好者，因而身体素质不会差，这正是用人单位所关心的问题。

达尔文的坦率是尽人皆知的。

英国作家哈尔顿问了达尔文一个很尖锐的问题："您的主要缺点是什么？"

达尔文答："不善于数学和新的语言，缺乏观察力，不善于合乎逻辑地思维。"哈尔顿又问："您的治学态度是什么？"

达尔文答："很用功，但没有掌握学习方法。"听到这些话，在你心里会对达尔文留下怎样的印象呢？一位知名的大科学家竟如此坦诚地在公众面前不加掩饰地暴露自己的缺点，这不是随便就能做得到的，而这恰恰也是一种留下坦率诚实、可信赖印象的一个技巧。

从第一印象中，可以看出一个人是否值得信赖。

第3章 首因效应下的"看脸时代"

一位药剂科主任讲过这样一件事：

"我们这些医院的药剂科主任们几乎天天和医药企业的医药代表打交道，凭着多年的发现与交流，医药代表的形象几乎能够决定所代表的医药企业产品在一定范围内的沉浮。姜小飘是一家企业的医药代表。记得第一次认识她是在我办公室，当时各家医药代表济济一堂，她站在门口，微微一笑。我问她'有事吗？'她则礼貌地答道'主任，您先忙，我改天再来拜访您。'隔了两天她来了，在做了简短的自我介绍后用商量和征求意见的口吻如数家珍般谈起他们公司的产品情况。而有的医药代表如同篮球场上的球员，争先恐后地自我介绍，相比起来，其效果恰恰是相反的。她得体的礼仪为她赢得了信任的开端。"

西方国家很重视印象管理。美国总统竞选，有专家为总统候选人精心设计形象，搭配衣着、领带，设计发型，整饰面容、面色等，为的是给选民留下精神焕发、可以信赖的强烈印象。

英国前首相撒切尔夫人为了给人留下值得信任的印象，向"形象专家"请教，改变了原来在英国政坛初露头角时，又细又尖，毫不动人的声音。开始以雄浑有力的音色在国会"舌战群儒"，成为有"铁娘子"之称的女首相。

由此可见，我们应有意识地向对方展示美好的自我，吸引对方的注意，给人以值得信任的印象。这是至关重要的。在此，你可以按照以下原则来检查自己的行为：

（1）不要刻意隐藏缺点，要知道，隐藏缺点是"欲盖弥彰"。

（2）知之为知之，不知为不知，是知也。

（3）放慢说话的速度，给人留下诚实的好印象。

（4）对有信心的事，越小声叙述越会显得有分量。

（5）果断地表达你的观点。

（6）打电话给别人时，先问一句："你现在有空吗？"

（7）提前10分钟到达约会的地方。

（8）只借一二十元也如期偿还，可提高别人对你的信任感。

（9）直截了当地承认过错，可以表现自己的坦诚。

（10）与其辩护，不如弥补。

（11）诚恳的表白能消除别人对我们的不信任感。

（12）复述对方的问题足以表现自己对这件事情的认真态度。

（13）积极响应对方的话题。

（14）"请你听我说"听起来比"我要告诉你"谦虚得多。

（15）满足对方不经意间流露出的愿望。

（16）从容不迫地道别。

（17）倾听失意者说话，可以获得对方的信任感。

（18）对不在场的第三者表示关心，可以加强对方对我们的好印象。

（19）在实际行动上关心女性。

（20）注意自己身体的姿态，它可以反映出你的品行。

留下开朗好印象

一个人用微笑、点头向你打招呼，给你内向、文静的印象，而一个用几乎是喊出来的声音跟你打招呼，你会觉得他很开朗、活泼。

第3章 首因效应下的"看脸时代"

第一次参加聚会,你发现了一位家伙,他风度翩翩,从容不迫地先和你打招呼,并且泰然自若地和你侃侃而谈。你觉得对方开朗又热忱,态度亲切很有感染力,而且你注意到其他人跟你一样,也都被他所倾倒。

在我们生活的四周,总是有这种活泼开朗的人,他们非常易于察觉人际往来的微妙互动关系,只要有他们出现的地方,总是很能带动气氛,使人如沐春风,乐于和他们接近。这就是开朗性格的人所带来的社交魅力。

而实验证明,拥有良好人际关系的人,大多也都是性格开朗的人。所以,培养自己有一个活泼开朗的好性格,你会赢得更多的朋友。与活泼开朗的人在一起,会收获更多的快乐。

要改变自己以往沉闷寡言的形象,让自己变得开朗一些,可以尝试以下小改变。

1.步伐轻盈能塑造开朗印象

小孩子走路总喜欢蹦蹦跳跳的,脚步轻松明快,身轻如燕。一个人步履沉重、缓慢的人给人心事重重、阴郁的感觉,而一位走路轻盈的人让你感觉轻松愉快。

2.主动打招呼

与人相遇,若别人主动先跟你打招呼,你心里会感觉非常舒服,有种被尊重的满足,当然,对方的心里肯定也是很愉快的。能主动先与对方打招呼的人,说明他能和各种各样的人交朋友,自然很少有人会对他产生不好的印象,而且容易给人一种心胸宽大、开朗热情的印象。

可以说,碰面先打招呼,可给人性格开朗的好印象。

提高打招呼的声音,强调你的开朗。

一个人用微笑、点头向你打招呼,给你内向、文静的印象,而一个人用几乎是喊出来的声音跟你打招呼,你会觉得他很开朗,活泼。

想要表现自己开朗的性格,就要在打招呼或回答问题时,声音比平常说话稍高些且有力量。

3.衣着明快给人开朗印象

服装能表现一个人的个性,在心理学上被视为一种自我的延长。虽然说不可以貌取人,但通常人们会以对方的服装决定印象的好坏。而我们也可以借服装来强调自己给他人的印象。

若衣着华丽、明快的服装可充分表现出开朗的个性,若穿着灰暗色调的衣服,则会带给别人阴沉的印象。如喜剧明星赵丽蓉,这位老太太经常穿着亮色调的衣服演出,戏未演就能感觉到老人开朗的个性。

因此,若要表现自己开朗的一面,就应尽量保持开朗自然的态度,同时借着明快的服饰,就一定能使精神和外表均呈现出活泼开朗的状态。

 幸运垂青注意细节的人

仪表是与他人的视觉距离和角度最为舒适和直接的,是彼此交往中最引人注意的部分。别人要获悉你是怎样一个人,首先注意的就是你的仪表,而我们想要留给对方美好的印象,首先也要从仪表开始。

说幸运来自第一印象,也许是最没有异议的了,因为身边经常会有这样的事情发生。

第3章 首因效应下的"看脸时代"

有一篇故事,说一位先生登报招聘一名办公室勤杂工。约有50多人前来应聘,但这位先生只挑中了一个男孩。"我想知道,"他的一位朋友说:"你为何喜欢那个男孩?他既没带一封介绍信,也没有任何人推荐。"

"你错了,"这位先生说,"他带来许多介绍信。他在门口蹭掉了脚下带来的土,进门后随手关上了门,说明他做事小心仔细;当他看到那位残疾老人时,就立即起身让座,表明他心地善良、体贴别人;进了办公室他先脱去帽子,回答我的提问时干脆果断,证明他既懂礼貌又有教养;其他所有人都从我故意放在地板上的那本书上迈过去,而这个男孩却俯身拾起它并放回桌子上;他衣着整洁,头发梳得整整齐齐,指甲修得干干净净。难道你不认为这些就是最好的介绍信吗?"

那位男孩通过自己的一言一行,打动了主考官,成功地用"第一印象"推销了自己。幸运其实并不神秘也并不是"可遇不可求",打造完美的第一印象,你也许就是下一个遭遇幸运的人。

一个人的仪表是最先被对方的感官感知的。因为从理论上讲,仪表是与他人的视觉距离和角度最为舒适和直接的,是彼此交往中最引人注意的部分。别人要获悉你是怎样一个人,首先注意的就是你的仪表,而我们想要留给对方美好的印象,首先也要从仪表开始。

仪表,是指人的外表,包括人的容貌、姿态、服饰和个人卫生等方面,它是一个人精神面貌的外观。

对仪表的总体要求是:朴实自然、整洁大方、庄重亲切、给人好感。

对仪表的基本要求是:整洁大方。

整洁并不完全为了自己,更是尊重他人的需要。社会心理学家认为,在公众场合人总是趋近衣着整洁、仪表大方的人,或衣着略优于自己的人。这种行为，在日常生活中也常见到，没有人愿意同一个不修边幅、肮脏邋遢的人在一起。

晕轮效应认为：一个人给别人的第一个印象往往是人们对其作出判断的心理依据。如果你见到一个人衣着整齐、合体入时，表情自然，则会认为此人做事细心，有条有理，进而会想，这个人一定有责任心，你就必然会在心里产生最初的满意的感觉，并且还会联想到其人会有这样、那样的能力。

倘若一个人给你的最初形象是衣冠不整，嘴里还骂骂咧咧，你定然会作出其缺乏道德观念的结论，甚至还会联想到此人的其他缺点。心理学家雪莱在莫萨立斯特大学挑选了68个志愿者参加实验，这些志愿者的外貌、口才及对事物的理解判断能力差异不显著，但仪表、风度却差距显异。实验要求68人分别征求4位素不相识的过路人的意见，以期得到他们的支持。结果，风度翩翩者较之仪态平平的对手，更易得到陌生人的青睐，给人留下好的印象。

所以，在你要开始交友、求职等各种攻势之前，请先花些时间审视一下自己。你的外表，穿着打扮，举止是不是能被大众所接受？不管你用什么样的热情和健谈，不管你如何地懂得社交技巧，如果你的打扮过于考验大众的接受力，恐怕在一开始，你就会给人一种"不好接触，不容易相处"的感觉，从而让你所有的努力在一开始就注定了失败的结果。所以，请花些时间来审视自己的仪表。

一个人的仪表不但可以体现出他的文化修养，也可以反映出他的审美趣味。穿着得体，不仅能赢得他人的信赖，给人留下良好的印象，而且还能够提高与人交往的能力。所以为了更好地适应现实，给和我们交往的人留下更好的印象，我们应该花一定的精力在自己的外貌上。虽然我们更要

第3章 首因效应下的"看脸时代"

重视内在的实力,但如果你富有外在魅力,也会对你的事业有所助益。

林肯在总统大选期间,收到一位住在中西部的少女写的一封信,内容如下:"你的演讲的确令人感动。但是,你那股言辞尖锐的评论气氛过于强烈。如果能带点像父亲和家人谈天的轻松气氛,我相信一定能得到更多人的支持。而且我建议你,不妨留点胡子,这样也许能改善那种严肃的气氛。"

就从小女孩的忠告开始,林肯留起胡子。果然那胡子削弱了不少尖锐的气氛。前苏联的斯大林是位身材矮小的领袖,因此,他为了更受人注意,以蓄胡子来增加容貌上的特征。

如果你是位俊男或美女,不妨将你的外在魅力展现在商谈或说服的工作上,切勿让它像被遮住光芒的钻石。

1.衣装得体容易带给别人信赖和威严感

俗话说:"人要衣装、佛要金装。"即使是同一个人,因服装的关系而给予别人的感觉就有相当的差异。有学者做了这样一个有趣的实验:让实验者故意放置一枚铜板在公共电话机上,然后观察下一位进入电话亭者可能产生的行动。结果发现,穿衬衫打领带,服装整齐的男士会把铜板放回原处的比率较穿着随便者高。以女性做实验,所得到的结果情形也是一样。再以穿越人行道遇红灯的情况做实验,结果也发现,穿衬衫打领带和穿了外套的男性,虽然有闯越的情况,但比穿着随便者少很多。

以上所举的例子体现出,服装整齐的人比较容易带给别人信赖和威严感。因此,如果想要把握某人的情绪,除了按照规则行事外,适当的穿着也是不可或缺的条件。

2.外貌精致能够提高个人魅力

根据心理学家所做的问卷调查结果显示,认为从外貌上能够提高个人魅力的主要因素有"秀丽的头发、洁白整齐的牙齿、没有口臭、懂得咳嗽时应有的礼貌、具有关怀的眼神、流行的发型、品行优良、注重清洁"等要项，这也是大部分男女所共认的条件。

外在魅力除了身体上的特征外，"优美的举止"也很重要。对于戴眼镜的人来说，不论是男是女，都很容易被认为是有智慧肯努力的象征。擦口红和不擦口红的女性作比较的话，后者较易被视为"稳重、有内涵、诚实"的象征。另外仪表整洁庄重，也显出对别人的尊重。

总之，外在的东西我们也不应忽视。一位哲人说过："我们不仅应有美好的心灵，还应有美丽的外表。"先天的条件即使无法改变，后天我们总可以努力使自己穿着打扮更加得体一些，这样对我们的事业甚至婚姻都会产生有利的影响。

有眼缘就有影响力

亚里士多德说："美丽比一封介绍信更具有推荐力"，因此让自己看起来舒服顺眼，是人际吸引的基本功夫。

影响力来自第一印象，想发挥影响力，一定要注意给他人的第一印象。印象好，影响力就大。跟别人见面所造成的第一印象：你的衣着、表情、态度，就决定了对方会不会受你影响。

为什么全世界所有航空公司的飞行员一定要穿制服？难道他们穿西

第3章 首因效应下的"看脸时代"

装、衬衫就会飞得比较安全吗？一点道理也没有，甚至不打领带可能飞得更好。就说因为装扮笔挺，让人觉得他精神昂扬、认为他慎重起事，也就相信他飞行时一定非常专注干练。衣服是一件小事，可是很多小事加在一起就有很大的决定性了。

日常生活中，人的第一印象对人后来形成的总体印象具有很大的影响力。

例如：领导对一个下属的第一印象。印象好的话，就十分有利于下属，甚至会影响到今后是否会被重用。如果领导对下属的第一印象极差的话，那这位下属很难纠正他的印象，而不太受这个领导的欢迎。

在人际交往中，我们也总会有这样一种感觉，当与某人第一次接触后，对他印象好，你就很希望与他接触并对他的评价也高。而没给你留下好的第一印象的人，你对他感到不快，甚至在朋友们谈及他时，你也会表现出对他的不满意。可见，第一印象的影响力之大。

初次个人的吸引力多来自第一印象。

第一印象的形成首先是外表的吸引力，亚里士多德说："美丽比一封介绍信更具有推荐力"，因此让自己看起来舒服顺眼是人际吸引的基本功夫。其次是愉悦的人格特质，言谈间的基本礼貌和尊重是最重要的。最后是有一些能力但也不是很完美，这会让人有机会欣赏到你的优点，但也不会觉得你太完美，产生你也和我一样是平常人的可亲近感觉。

对于第一印象的人际吸引力，享有日本"推销之神"的原一平有深刻的理解。

原一平在保险公司的第一年去拜会了一家寺庙的住持，他回忆当时的情景时说："由于对方毫无拒人之意，我就会心一笑。一进入寺庙，刚刚坐定，我就冲着住持先生，滔滔不绝地说出投保对和尚有何好处，当时的气氛之佳，使我不期然地在心中告诉自己：

'这一趟路没白跑，缔约必成。'做梦也没想到，从头到尾一声不吭地倾听的和尚，劈口说出的一句话，有如给我当头一棒，害我愣了半天。"

那和尚究竟说的是一句什么话呢？他说："人呀！还是要在初次晤面时有一种强烈吸引人的东西，做不到这一点的话，你的将来就没有什么发展可言。"

之后的原一平，用他"婴儿般纯真无邪的笑"给顾客留下了美好的第一印象，使他在保险业上超过那些自然条件比他强的同行。

第一印象在时间有限的条件下，获得的资料往往不全，容易形成先入为主的首因效应，或以偏概全的晕轮效应。而这些印象一旦形成后很难被改变。因此，我们要充分利用第一印象的积极作用，在跟别人第一次接触之前，从仪表、举止、说话艺术等方面做充分的准备。尽可能利用第一次见面的机会，给人留下最好的印象，以增强自身的人际吸引力。

在首次见面中如何来增强交往间的吸引力，要靠适合我们自己的印象修饰。

1.留心身体外表的修饰

一个人若想增进人际吸引，从自己的服饰、举止、面部表情、精神状态等作出适合于自身的角色和当时情境需要的行为，产生令人愿意"接近""接收"的吸引力。

2.增加与他人的熟悉度

心理实验告诉我们，不论人或动物，彼此之间当接触的次数增加，熟悉度逐步增高，便会具有吸引力。因此，如果你想增强人际吸引，则要留心提高自己在别人面前的熟悉程度。例如，有人给一个姑娘介绍对象，第

第3章 首因效应下的"看脸时代"

一次见面,姑娘就对小伙子颇有好感。原因是在此之前,小伙子的妹妹就常向姑娘提起他,讲他小时的淘气、聪明和现在入伍后的英武能干,虽说是第一次见面,姑娘却对小伙子一点也不陌生,亲近感自然就产生了。

3.扩大彼此的相似性

我们往往喜欢那些和我们拥有共同理念、态度和兴趣的人,同样的,我们也比较容易忘记甚至排除那些和我们在条件上、背景上、人格特征上难以协调的人,这就是"相似性"在人际间的吸收力。因此,要明晰自己所期望的与他人与社会的相似性,才能使自己的吸引力得以实现。

4.注重人际间的互惠关系

根据人际交互论的说法,人与人之间的互惠行为既有功利的、经济的和现实的作用,也有精神的、心理的和超现实的。所以,在人际生活交流中,每个人都难免有酬赏和代价的比较水准。一般来说,功利的互惠较为现实,但不能长久;而心理的互惠较能满足人的基本需求,能持续长久。因此,我们注意在第一印象中如果能把感激的心情准确地传达给对方,对方也将会为您做更多的事、更多的服务。总之,要增强自己的吸引力,就要让自己拥有更多的内在条件,如学识、才干、品德等都是人与人互惠的资源。这样,你才能够得到他人的喜欢和赞同。

 如果让自己更可爱可亲,就别怕暴露缺点

一个能力非凡而又完美无缺的人的吸引力,远不如一个能力非凡但身上却有着常人的缺点的人强。

在一次选美比赛的决赛中,有7个美女选手,都是才华、相貌、身材、能力俱强。

其中有6个女孩子虽然各具特色,但都非常完美,她们展示给大家的就是一个个无可挑剔的人。只有一个女孩儿,每次在回答问题的时候,都会不自觉地脸红一下,虽然她的回答也是那么有新意、有独到见解。最要命的是,她有一次竟然在上台的时候摔了一跤。

但是最终的比赛结果,最具吸引力奖的得主,正是这个女孩儿。

在采访中,大部分观众都认为她就像个邻家小妹,有优秀的实力,但也有着小小的缺点,非常可爱。而其他的6位选手就让人觉得她们高不可攀。

美国心理学家阿伦森发现,一个能力非凡而又完美无缺的人的吸引力,远不如一个能力非凡但身上却有着常人的缺点的人强。这条规律被称为讨厌完美律。

这恐怕是人们认为太完美反而缺失人情味,倒不如有个性、有小毛病的人更贴近人性。

生活中有一些看起来各方面都比较完美的人,但是这样的人往往不太讨人喜欢。讨人喜欢的,往往是那些虽然有优点,但也有一些明显缺点的人。

为什么会这样呢?这是因为,一般人与完美无缺的人交往时,总难免因为自己不如对方而有点自卑。

如果发现精明的人也和自己一样有缺点,就会减轻自己的自卑,感到安全,也就更愿意与之交往。

第3章 首因效应下的"看脸时代"

谁会愿意和那些容易让自己感到自卑的人交往呢？所以不太完美的人，有些小缺点的人，更容易让人觉得可亲、可爱。

而且从另一个角度来看，世界上不可能存在真正完美、没有缺点的人。如果一个人总是表现得很完美，倒很容易让人怀疑其中有造假的成分。或者说，故意把自己表现得很完美，这本身恐怕就是一个缺点。

世上哪有那么完美的人呢？有些缺陷不在表面上表现出来，就必定藏在背后的某个洞穴里，遮遮掩掩，终也挡不住阳光的洗礼。掩饰得不好，被人轻易发现了，我们说他造作、矫情；掩饰得好，没有被发现，我们怀疑他是不是个人。

追求完美的人，一定活得比一般人更累。而且与他们生活在一起或合作的人，也会因为他们过高的要求，而活得比较累。

有一位大龄女青年，具有高等学历，容貌很漂亮，事业上也很有成就。她在方方面面都对自己要求严格，在很多人眼里，可以算一位相当完美的人。

当然她在择偶方面的标准也相当高，稍有缺点的就看不上，觉得配不上自己。但她又觉得婚姻是终身大事，不能马虎，宁可等着，也不能将就。

结果，抱着这样的观念，一晃40岁了，还是孑然一身。她自己感到很奇怪，像她条件这样好的人，为什么就不能被好男人发现呢？

其实她不知道，也许正是她的"完美"把许多男士吓着了。每个人固然希望自己的对象能具有较多的优点，可是如果这个人真的"完美"，却也让人受不了。

首先，他们会怕自己配不上对方；其次，因为他们要求高，你稍有缺点，他们就要求你改正，你肯定会活得很紧张、很累。

如果让人们选择是活得累而完美，还是活得轻松而有缺陷，恐怕大多数人会选择后者。因为我们都知道自己不是神，我们认可自己的缺点。

如果适当地修饰自己，改变自己，能让自己更自信，有利于展现自己卓越的能力，我们举双手双脚支持。比如通过服饰搭配，能改变自己的一些小瑕疵，修饰衬托自己的好身材；通过做造型，学礼仪，塑修养等，让自己更有气质，更有自信，更有个性，有助于社交、找工作。

但是，我们的目的是修饰自己、充实自己、提高自己。在心中，一定要明确地记住：完美的目的是让所有的人，包括我们自己，都喜欢我们。然而这是不可能的，因为人是形形色色的，人的喜好、偏爱更是不会相同。人人都爱的人是不存在于这个世上的。

透过衣着，看破对方心理

也许你某一天发现经常打交道的朋友突然改变了习惯的穿戴，你千万不要惊慌，这种常会突然改变自己服装嗜好的人，大多是想改变生活方式，也有逃避现实的成分。

在平时与别人的交往中，你是否因为无法了解对方的内心而被困扰？

这时，你不妨从对方的衣着上来判断。

衣服本是人们用来遮体御寒的，但是人们却很难想到，为了要穿上自己喜爱的衣服，反而会把自己毫无掩饰地暴露出来。

第3章 首因效应下的"看脸时代"

因为每个人所选购的衣服，包括颜色、质地等都无一例外地把自己的心理状态尽数袒露。

1.衣着华丽的人有强烈的自我表现欲，爱出风头，对于金钱的欲望特别迫切

在茫茫人海中，你可以发现某些人总是穿着引人注目的华美服饰，这种人大体上有强烈的自我表现欲，爱出风头。此外，这种人多数对于金钱的欲望特别迫切。

所以，当你与这类身着华服的人交往时，你就能洞察到他们的这种心理，多夸奖他们的服饰，满足其膨胀的表现欲是一个好办法，这种人不仅不会与你为敌，反而会轻易地答应你所提出的条件。

2.衣着朴素的人自卑感强

有一种人穿着非常朴素，这种人大多缺乏主体性格，对自己缺乏信心。希望对别人施加威严，以弥补自己的自卑心理。

和这种人交往时，千万注意别与他争执不休，因为越是自卑的人，越想掩饰自己的自卑，越会与人喋喋不休地争吵，保护自己残存的一点点面子，争吵绝对不利于和他保持良好的人际关系。

这时候，你可以大大方方承认他的观点，他反而会感到你的宽容大度，在对方心平气和的时候，再提出自己的观点，你可能会取得意想不到的效果。

3.喜欢时髦服装的人内心深处常有一种孤独感，情绪波动不安

有一种人完全不理会自己的嗜好和别人的看法，甚至不知道自己真正喜欢什么，他们只以流行为嗜好，向流行看齐。实际上，这种人在内心深处常有一种孤独感，情绪也经常会波动不安。

与此类人打交道，可以采取"以迂为直"的策略，你不妨也来点"时髦"，并尽量从时下最流行的事和物谈起，从而引起对方对你这个人感兴趣，然后再逐步切入交往的正题。

4. 不理时尚的人多以自我为中心

有一种人对于流行的状况丝毫不为所动，这种人的个性可以说是十分强硬，但也有一些人是不敢面对外面的花花世界，而一味地把自己关在小屋子里。这种人认为，如果事事跟别人趋同，岂不是等于失去了自我？这种人常常以自我为中心，经常弄得大家索然无味。

和这种人交往，要采取"顺毛摸"的办法哄着他、顺着他，在他兴高采烈之中，不知不觉地喜欢你、信任你、为你做事。

5. 常突然改变服装嗜好的人想改变生活方式，逃避现实

也许你某一天发现经常打交道的朋友突然改变了习惯的穿戴，你千万不要惊慌，这种常会突然改变自己服装嗜好的人，大多是想改变生活方式，也有逃避现实的成分。

你若想与他保持良好的关系，应当显得不当一回儿事；或者说些赞美他穿什么都很不错之类的话，相信他的心灵大门一定会向你敞开。

6. 冷静对待时尚的人比较理性，处世中庸

有一类人对流行既不狂热，也不会置之不理，改变穿衣也是渐渐实行。这一类人处世中庸，情绪稳定，一般不会做什么出格的事。他们大多比较理性，不过于顺从欲望，也不盲从大众时尚。

此种人比较可靠，值得结交。与他们交往应以诚为本，因为他们既是你可以信赖的朋友，也可能成为你终生的知己。

此外，衣饰颜色是一种会说话的色彩语言，它能帮助你初步判断他是什么样的人，该怎样和他交往。

比如蓝色是永恒的象征，是最冷的色彩。经常穿蓝色衣服的人，往往沉稳、理智、坚毅并富有韧性，凡事都会缜密思考，比较容易成就事业。

第3章 首因效应下的"看脸时代"

他们喜欢安静，善于控制感情，责任心、判断力强，富有见识。个性也比较固执，不达目的绝不罢休。

他们不擅长交际，通常只和志同道合的朋友组成一个小团体，或者自立门户，独自享受心灵的宁静。也因其能力强，更容易固执己见，常常坚持自己的看法，没有充分绝对的理由难以说动他们。

和这样的人交往，应该顺其自然，理性对待，真心相处，心灵的碰撞、志趣的相投更为重要，整天黏着他们，反而会让他们不舒服，唯恐躲避不及。他们崇尚理性、冷静和智慧，如果你和他们交往，一定要在这些方面下番功夫。

掌握衣着色彩语言将会为你更加准确地看透对方、有针对性地与之结交增加一个更大的砝码。

 色彩的选择受心理影响

在选购一件大衣或一部跑车时，在价钱相当的条件下，优先考虑色彩的人，具有外向气质，活跃于各个场合中，容易冲动、重感情。而优先考虑外观造型的人，性格多内向、害羞，不擅长社交。

人们在选购一件大衣或一部跑车时，面对价钱相当的两项选择，一些人会以颜色作为优先考虑的因素，而另一些人则较为重视造型。

根据研究，这两类人在性格上有颇大的差异。较注重色彩的人，他们具有外向气质,容易活跃于各个场合中,是属于容易冲动、重感情的人。他们深富魅力,有公关、交际手腕,热情洋溢,讲求享受,重视社交生活。

注意外观造型的人,则与前者完全相反,是内向、害羞,不擅长社交的人。喜欢关起门来独自思索,坚持自己的原则,敏感、纤细,在众人面前常会手足无措。上街选购东西,只要外观合他们心意,不管红的、白的、黑的,他们都不太在乎。

美国作家黛安·艾克曼在《感官之旅》中提到,我们对色彩的感觉是相对的,而非绝对的,依时间、光源、文化、语言甚至大脑的结构而受到影响。例如,有些民族没有合适的言辞形容绿色,只能用暗或亮来形容;爱斯基摩人有几十种关于白色的形容;而莫奈绝美的睡莲,是视觉消失之后的记忆之色……色彩在我们心中引起的情感与记忆,影响我们看待世界的观点。不过,大部分的人类对于红色、蓝色、黄色等颜色的心理感受,意见比较相似。

偏好红色的人在性格上活泼、大胆、新潮,对流行趋势感应敏锐,是容易感情用事的人。他们有强烈的感情需求,希望获得伴侣慰藉。缺点是:浮夸、吹嘘,注重外表修饰,有较强列的物质欲望。

偏好绿色的人在性格上为人严谨、守本分,做事稳重,是值得信任的坚实派人物。缺乏感性思维,经常不苟言笑,有耐性及实践能力,坚忍、认真,凡事按部就班,对待金钱也颇有规划性,能在稳定中求得事业的发展。

偏好黄色的人个性积极,喜爱冒险,乐观、爽朗,喜欢结交朋友,是乐天的社交派人物。如果是女性的话,对爱情积极、主动,与异性交谈常有嗲声嗲气的语气,非常懂得善用撒娇的好处。

偏好蓝色的人的个性是态度明朗、诚实,处世方式偏向中庸,既不冒进也不退缩,做事颇富弹性,具有回旋空间。

第3章 首因效应下的"看脸时代"

偏好紫色的人谨言慎行，喜怒不形于色，属于大内高手型。许多内心的想法都深藏着，不愿表达出来。姿态优雅，富神秘气质，不善于交际手腕，给人冷漠、高傲的印象。喜欢思索，善于压抑、控制自己的情感。

偏好黑色人的个性与紫色略为相似，但心态上更为阴郁些，孤独、自闭，希望保有一定的私人空间。

偏好白色的人个性爽朗直接、单纯，任何一个人只要穿上白色的衣服，都给人一种洁净、清新的印象。喜欢白色的人向往单纯、柏拉图式的生活，有隐藏本性的倾向。

偏好灰色的人缺乏毅力，性格怯懦、胆小，凡事依赖他人，缺乏主见，耳根子软，容易受别人影响，改变已经决定或承诺的事情。

人们对不同色彩的偏好，也透露出潜在的性格倾向。自己偏好的颜色常会反映在日常服饰或用品上。因此，借由某人平日爱穿戴哪一个色系的衣服、饰品，我们可以粗略了解其性格。

 化妆展示女人的欲望

有的女人喜欢化"怪妆"，眼影或是黑乎乎的，或是蓝幽幽的；嘴唇有时黑有时红，这种"怪妆"经常被当成宣泄感情的一种方式。

美容和化妆是女人的专利，女人可以妆扮得有个性，有色彩，有品味；或者优雅，或者媚俗……

1. 喜欢淡妆的女人大多没有太强的表现欲望

她们大多属于聪明和智慧的类型，不会将时间和精力都耗费在梳妆台前；往往有着自己独特的想法，而且敢打敢拼，所以较多能获得成功；极少向他人透露心底的神秘，最希望的是别人尊重她们，对她们的难言之隐给予支持和理解。

2. 喜欢浓妆的女人大多数表现欲望非常强烈

她们不辞辛苦地将各种化学药剂涂抹在自己的脸上，并忍受痛苦用各式工具修饰五官，为的是用一种极端的方式吸引他人的目光，而他人的欣赏往往使她们心甜如蜜。前卫和开放是她们的思想特征，她们对一些大胆和偏激的行为保持赞赏的态度。她们真诚、热忱，一些恶意的指责并不能使她们受多大的伤害，她们对他人依然会很尊重。

3. 喜欢素颜的女人注重理性，会静心地探究事物的实质

唐代诗人李白的佳句"清水出芙蓉，天然去雕饰"，是对不爱化妆的女人最恰当的形容，而这种自然之美往往会给人一种耳目一新的感觉。她们不从表面上看问题，会静心地探究事物的实质，看人也是用心去剖析。

4. 从小喜欢化妆的女人怀旧心理较强

有的人从小就开始化妆，这样的人会将自小养成的那套化妆理论和方法，延续到成年，甚至中年和老年。其实这是一种怀旧心理在作祟，美好的过去让她们回味无穷，忘记现实中的烦恼和不如意，但她们依然保持头脑清醒，不会沉迷其中而忘记现实。她们讲究实际，会极力把握住现在的所有。她们热情善良，善解人意，拥有很多可以推心置腹的朋友。

5. 将时间多用在化妆上的女人是完美主义者

有的女人把自己绝大部分时间都花费在化妆上，这样的人为了完成自己的目标不惜花费巨大代价，任何事情都追求尽善尽美，属于典型的完美

主义者。她们倾尽所有也要使自己的容貌达到自己满意的程度，最主要的是她们对自己的才智和财力都有十足的把握，而唯一不自信的是自己的外貌，为了成为一块无瑕美玉，只好不停地审视自己，用化妆来掩饰不足，结果却可能适得其反。

6.注意某一部位的妆容的女人能够认清自我，注重现实，自信心强

有的女人在化妆的时候则特别着意某一处，这样的人通常对自己有相当清楚的认识，对自己的优点和缺点知道得一清二楚，善于扬长避短。她们对自己充满了信心，坚信付出就会有回报，所以会脚踏实地地为自己的目标而奋斗。她们讲究实际，注重现实，不会沉湎于虚无缥缈的幻想之中。她们遇事镇静沉着，对事情的判断坚决果断，但不能综观全局的弱点往往使她们收获甚微。

7.喜欢化"怪妆"的女人具有强烈的逆反心理

还有的女人喜欢化"怪妆"，眼影或是黑乎乎的，或是蓝幽幽的；嘴唇也是有时黑有时红，有时化成大嘴巴，有时化成小嘴巴。喜欢如此"怪妆"的人把这种妆当成宣泄感情的一种方式。她们通常具有强烈的逆反心理，但现实生活经常与她们的愿望相悖，所以喜欢用一些非常规的思想和行为与社会分庭抗礼。

鞋子也会传达心声

有一种人，他们不论出入任何一个场所，也不论天气如何变化，都喜欢穿着一双大头皮靴。这种人的形象告诉别人：他们虽没有害人之心，但

肯定有防人之术。

最先发明鞋子的人一定是个了不起的英雄，因为他使整个人类免受了皮肉之苦。

人们现在真正关心的是：在选择鞋子时，应持什么样的标准。

那么，你知道人们选择的鞋子与其性格之间，有什么样的关系吗？

1.名牌跑鞋

喜欢穿名牌跑鞋的人对名牌跑鞋的看法是：它能使他年轻、健康、充满活力，然而他更渴望这种形象的释放。

从某方面讲，这种人是缺乏耐性的人，凡事只讲求速度不讲求质量。

显然，工作上的失误来自自身急躁的个性。这种人知道这是缺点，他知道这是先天的遗传带来的，改变这点是很难的。

这种人的知识领域很广阔，情趣也多种多样，但他就是不肯对某个事情作出深入浅出的了解。他的为人也颇受别人的欢迎，算得上是朋友满天下。

2.休闲鞋

喜欢穿休闲鞋的人比较怕麻烦，或者他生性本来就懒惰，尽量将生活中的事情简单化。

如果要这种人去参加某个聚会，而他得知必须穿上西装，而且还得打上一条领带的话，那么他肯定会装病而放弃这种邀请。因为他宁可穿上短裤和背心去街头吃一份简单的快餐。

在找伴侣方面，他也是持同样的态度：如果双方谈得来，就不妨建立一定的关系，否则不要浪费时间。他是绝对不肯拿束鲜花在雨中苦苦等候对方要求答应他的约会，他会自认为这是不明智的做法。像他这样的聪明人是不会干这样的"蠢事"的。

当然，对自己喜欢的事情，这种人会以一定的热情去投入的。但总的来说，他是性情懒散的人，对自己不喜欢的事情，他会敷衍了事。

3.高跟鞋

明知高跟鞋对自己的脊椎、腿部肌肉、韧带会造成不同的损伤，但为了使自己的身材看来显得更高挑，步姿更加婀娜动人，所以就越是艰险越向前。

单从这点来看，就知道这种人贪慕虚荣。这种人对名和利的态度是：两者皆可得兼，但她更喜欢追求那种高高在上受到万众瞩目的地位。

为了追求名利，这种人会利用有限的空间和错综复杂的关系网。然后把脑袋削尖，寻找最佳的机会，达到自己梦寐以求的目的。

4.系带皮鞋

喜欢穿系带鞋子的人是个做事细心不怕麻烦的人。他处理每一件事情都有既定的程序和规则，不允许被人随便打乱，或者半途而废。也就是说，他是有始有终的人，如果要他忽然作出某种转变，是很困难的事情。

他也是个脾性温和的人，喜欢关心人，在他力所能及的范围内，他会给予别人恰当的照顾，别人也信任他，愿意和他待在一起，因为他们会从这种人身上得到一定程度的安全感。

与这种人接触的人，在印象中都会觉得他是稳重可靠的人，他在工作上以业务驾轻就熟，成为众人咨询的对象，上司也会对他相当器重。

这种人的为人和处事，使自己经常需要肩负很重的压力，所以他经常会感到疲惫。但他喜欢这种感觉并且常常乐此不疲。

5.凉鞋

喜欢穿凉鞋的人是脚踏实地、思想开放的人，受过良好教育。而且还可以看出，他对一切矫柔造作的人有种特别的厌憎感。

这种人是那种不注重形式只着重内在的人，而且，他不爱慕虚荣，对争名夺利的游戏毫无兴趣，他对金钱的看法是：其作用只不过是换取安逸生活。

这种人崇尚大自然，喜欢欣赏和追求美好事物的人。

在爱情方面，这种人崇尚浪漫，对爱情有着梦幻般的激情。他是个肯对感情负责的人，所以，他喜欢浪漫、有激情，但绝不随便玩弄感情。因为他希望自己的理想对象和自己一样，对感情认真负责。

6.皮靴

有一种人，他们不论出入任何一个场所，也不论天气如何变化，都喜欢穿着一双大头皮靴。

这种人的形象给人的感觉是，像一个职业杀手，或是一名刚从战场上回来的士兵。

所以，这种人的形象告诉别人：他虽没有害人之心，但他肯定有防人之术。而且，这种人是有先见之明的人，当他看出某种苗头不对时，他会提前采取防范措施，所以，他是个能够逢凶化吉的人。

在家里，这种人通常是一家之主，而且，不允许权威有丝毫的侵犯。否则，他会采取强硬立场，惩罚藐视权力的人。

在工作中，这种人是个强硬派，所以别人觉得很难与这种人相处，因为他颐指气使的态度实在让人难以忍受。因而他所收到的指责，也比他脚下的大头皮靴沉重得多。

7.彩色皮鞋

有一种轻巧、华丽的漆皮皮鞋，它的鞋尖与鞋跟是白色，而中间是黑色，色彩对比相当强烈。

第3章 首因效应下的"看脸时代"

喜欢穿这种皮鞋的人,都喜欢装饰自己,每天,他会花上一两个钟头打扮自己,这种人对每一个细节都不会放过。

这种人非常留心服装的潮流,喜欢参加服装展览会和时装观摩会,但他不一定是盲目地追求时尚,他的打扮基本上属传统中带新潮的感觉。

这种人的表面给人以洒脱,但私生活上并不随意,他只是喜欢人家觉得自己风流倜傥。

这种人只关心自己,而友情、工作只是他生活的点缀品,是可有可无的东西。

这种人会介意别人怎样看自己,他亦会摆明态度不欢迎别人的批评,因为自以为是的这种人,是不会相信自己会犯下什么错误的。

手机中隐藏的个性密码

喜欢流行机型的手机并不断更换手机外壳的人,崇尚轻松自在的人生,为人善良、真诚、爽快,喜欢赞美别人,包容别人的短处,因而赢得很多朋友的亲近。

具体可表现为以下几种。

1.简单、方便的普通机型

个性分析:他们易于交往,因此可以结交很多朋友,朋友也给他们创造了更多的人生机遇。但是,他们也容易从众,往往不知道自己真正需要的是什么，容易迷失在朋友的意见里。

感情分析：他们原则性不强，分不清自己的所爱，虽然他也力求做一个有原则的人，却常常让自己处于矛盾之中，放弃了原来的看法，因此对人忽冷忽热，意志不够坚定。因为欠缺感情分析能力，所以他只有在朋友和家人的支持下，才能顺利恋爱。

2.外形极酷的金属机型

个性分析：喜欢使用这种机型的人大多生活适应能力强，随时随地都能掌握人生机会。但如果他没有坚强的意志，很容易让自己半途而废。他虽然看起来合群，那是因为懂得隐藏自己，实质上，他个性独特，不容易让别人了解——内心很孤僻，像金属包裹的手机一样，他的内心也被精钢包裹着。

情感分析：他可以轻易地交朋友，却不是一个容易谈恋爱的人。他喜欢隐藏自己，很难让别人走进内心世界。因此他的感情是孤独的，除非他遇见一个真心喜欢的人，引起他热情的追求，而对方刚好也很喜欢他，才有恋爱的机会。如果他没有遇到合适的伴侣，宁愿孤独地生活。

3.可换彩壳的流行机型

个性分析：他心目中最理想的生活就是放荡不羁、轻松自在的人生。虽然他为人善良、真诚、爽快，喜欢赞美别人，包容别人的短处，使很多朋友愿意亲近他，但是，因为他过于浅显的心思，往往使他缺乏吸引力。

感情分析：他从小到大有过不少恋爱的机会，却都无法长久，往往难以深入发展，因为他很多时候不知道别人需要什么，也不关心别人需要什么，只顾自我投入，虽然付出很多，但很难打动别人。

4.能防水防震的运动机型

个性分析：因为性格开朗、热爱运动，所以他天生看起来阳光味十足。他人缘不错，身边经常围着许多同性或异性的朋友，不过不属于交友过滥的那种。

感情分析：运动机型最大的特点就是经久耐用，因此，虽然他看起来可能有点不专一，但是内心追慕的仍是那种天长地久的恋情。如果真正遇到值得他去争取和守候的感情，他所表现出来的执著也是让人吃惊的。

5.对机型没有特别要求

个性分析：这类人是个工作至上的人，在他看来只有工作着，才感到自己生活着。因此，只有愉快的工作才能让他有愉快的生活。一旦失去了工作，或者没有喜欢的工作，他就开始质疑自己的价值。他最大的优点在于敬业，但过分地敬业也让他活得并不轻松。

情感分析：恋爱方面，他是个被动型的人，如果没有足够的热量擦亮他爱情的火花，恐怕他还以为自己是个不注重爱情生活的人。虽然经常淡化爱情，但他不是个没有责任感的人，对家庭与事业，他都非常看重。在他的观念里，浪漫的爱情只是生命的点缀，平衡家庭与事业的关系才是生命的基石。

第4章

[心理学影响他人]
关键给人好感觉

人的心理具有神秘的力量,要敢于探索你的心理力量,学会使用适当的暗示去影响别人,学会应用正确的、有意识的自我暗示。做到了这两点,你就能获得健康、幸福、快乐和成功。

人们是如何相互影响的

谁都有这样的感受：有些担忧和顾虑，有些忧愁和烦恼，有些成功和喜悦，有些希望和要求，不能或不愿对父母、兄弟姐妹、师长等人说，却能够和愿意向朋友倾诉，以期从朋友那里得到帮助，而有些事情也确实只有通过友谊的桥梁才能办好。正所谓同明相见，同音相闻，同声相应，同气相求。在有些问题上，朋友间的影响是其他人际关系所望尘莫及的。

朋友之间的影响，是由朋友关系的特征所决定的。

1.年龄相仿，有共同语言

朋友一般年龄相仿，有些人喜欢在同龄人中交朋友，因为不同的年龄，有着不同的兴趣和爱好，有着不同的语言，有着不同的喜怒哀乐。青年朋友之间，由于年龄相仿，心理上、行为上、语言上的相同点就多，彼此容易理解，容易效仿，容易采纳意见。所以，彼此间影响就大。

2.同心之言，其臭如兰

朋友一般是合得来的，"同心之言，其臭如兰"。既是朋友，亦是知己，起码也把对方视为知己或对方把自己视为知己，彼此情深意笃，互相信赖。这样，朋友的言行容易被接受，容易自觉或不自觉地跟着学。

3.相伴多年，耳濡目染

朋友一般接触的时间比较多，"近火烤人"。既是朋友，就会经常接触，通过频繁的接触，彼此耳濡目染、潜移默化地受着影响。

4.气习相染，师不如友

朋友是自己选择的，"气习相染，师不如友"。人们与父母、兄弟姐妹、师长等人，是一种不能选择的天然关系，这种天然关系当然有着其他人际关系所不能替代的亲密之情。然而，这种天然关系就有一定的局限性。朋友关系则不然，朋友是自己选择的，也正因为朋友是自己选择的，才有特定的寄托。

谁都有这样的感受：有些担忧和顾虑，有些忧愁和烦恼，有些成功和喜悦，有些希望和要求，不能或不愿对父母、兄弟姐妹、师长等人说，却能够和愿意向朋友倾诉，以期从朋友那里得到帮助，而有些事情也确实只有通过友谊的桥梁才能办好。正所谓同明相见，同音相闻，同声相应，同气相求。在有些问题上，朋友间的影响是其他人际关系所望尘莫及的。日常生活中，就有许多棘手的思想问题，需要靠交朋友、以朋友的姿态、以朋友的口吻才能得到解决，可见朋友间的影响有多大。

  善于倾听是沟通彼此的桥梁

如果你希望别人喜欢你，尊重你，在背后称赞你，这里有一个方法：耐心倾听对方的话。真正善听人言者比起善言者更能感动对方，更能唤起对方的亲近感。如果你问别人一个问题，他只回答了一半，你需要做的只是耐心地倾听，保持眼神接触，最终他会开口讲完。

一、心理学与交际之道

有一个年轻人，去向大哲学家苏格拉底请教演讲术。为了表示自己有好口才，他滔滔不绝地讲了许多话。最后，苏格拉底要他缴纳双倍的学费。

年轻人惊诧地问道："为什么要我加倍呢？"

苏格拉底说："因为我得教你两样功课，一是怎样闭嘴，二是怎样演讲。"

在日常的生活中，我们也有过这样的经历。

自己滔滔不绝地讲个没完没了，而别人早已经厌烦了。当别人说话时，我们总喜欢打断别人，说自己感兴趣的话。有时候我们虽然在听别人说话，但却心不在焉，不是打哈欠就是抠手指。

如果你希望别人喜欢你，尊重你，在背后称赞你，这里有一个方法：耐心倾听对方的话，不管他说什么都兴味盎然，哪怕知道他将说什么也绝不打岔。

你将发现，即使一个最不讲道理、最顽固的人，也会在一个有耐心、具有同情心的听者面前软化下来，变得像小猫一样乖顺。

卡哈尔在一个晚宴上，见到了一个著名的植物学家。

卡哈尔以前并不认识这位植物学家，卡哈尔发现他很有意思，于是专注地坐在椅子边倾听他谈论大麻、印度花草以及室内花园。他还给卡哈尔讲了有关马铃薯的一些惊人故事。

卡哈尔在这次晚宴上什么也没做，只顾专心地听那位植物学家谈话，听了好几个小时。

植物学家最后临别时向所有的人宣布"卡哈尔是最有意思"的人，是一个"最有意思的谈话家"。

第4章 心理学影响他人

这似乎让人奇怪,卡哈尔自始至终只是一个倾听别人讲话的人,却被说成是"谈话家"。这就说明倾听也是一种交流,也是一种对话。

杰克乌弗在《陌生人在爱中》写道:"很少有人经得起别人专心听讲所给予的暗示性赞美。"

倾听就是最好的鼓励,这表示你对他的观点感兴趣,欣赏他说话的方式,甚至是欣赏他整个人。

人都是自私的,人最优先关注的永远是自己。跟你谈话的人,对他自己、他的需求和他的问题,比对任何人、任何事更感兴趣百倍。他对自己的牙痛,比对非洲的40次地震更感兴趣。

渴望拥有听众不只是孩子的愿望,成年人更需要别人的认同与欣赏。聪明人会耐心地做一个听众,鼓励别人表现自己。

因此,心理学上的一条最重要的规则是:"做一个好的听者。鼓励他人谈论他们自己。"

有一天,小明和两个同学一起到睿睿家里玩。

大家在一起看了一会娱乐节目后,就想玩点什么,正巧睿睿家里有围棋,那两个同学也都喜欢下棋,于是他们就开始摆弄起来,闲谈中都是些术语、行话,而小明则对"黑白世界"一无所知,无聊中去了睿睿爸爸的书房。

他们玩够后,才从书房中把小明叫出来,令睿睿吃惊的是:他爸爸居然送小明出房门口,还问他为什么不留小明吃饭,临行还一再叮嘱,以后有空来玩。在睿睿的记忆中这是他爸爸第一次留他的同学吃饭,而且以后还经常问小明为什么不来玩。

睿睿在惊叹之余,就对小明说:"我爸是个非常传统严谨的知识分子,为人古板,不喜与人交往,每次家里来了熟人,就独自躲到书房,很少与人打招呼。"

他很奇怪为什么他爸爸那么欣赏小明？

小明笑了笑，对他说："其实，也没什么。你们下棋我不懂，就来到你爸爸书房，见他在看一本水利方面的书，就问他是不是搞水利的，然后就好奇地问长江大桥的桥墩怎么做的，你爸爸就开始给我讲解，如何先将一个大铁筒插进去，将里面的水抽干，挖出稀泥，打地基，直到做好干透，再将铁筒抽掉，他在说，而我只是认真听，也没说什么。"

善于倾听，无疑是赢得他人好感的最好方式。

富有魅力的人大多是善于倾听别人言谈的人。真正善听人言者比起善言者更能感动对方，更能唤起对方的亲近感。

戴尔·卡耐基在《人际关系》一书中，叙述了一个他亲身体验的小故事。

最近，我参加了一个桥牌集会。在场的一位金发女郎听说我过去在欧洲待过不少时间，休息时，她对我说："卡耐基先生，能给我谈谈欧洲吗？那里一定有许多美妙的地方和美丽的景色。"

我们在沙发上坐下来时，她说她和她的丈夫刚从非洲回来。

"啊，非洲！"我叫起来，"那地方太有意思了。我一直想看看非洲，可我始终没这缘分。你去过那个传闻中的狩猎王国吗？你太幸运了！能告诉我那里到底是怎么样吗？"

45分钟过去了。她再也没有问我到过什么地方，看到过些什么。事实上她并不想听我谈自己的旅行。她所要的只是一个有兴趣的听者，这样才能提高她的自尊。

分别的时候，她对主人说我是一个"最有意思的人"，是一个"最有意思的谈话家"。

一个最有意思的谈话家？可我几乎没有说过什么话。我所做的只是：

专心地倾听。

我对非洲一无所知，就像我对企鹅解剖一窍不通一样。我真诚地对我不了解的事情感兴趣，这一点对方是能够感觉到的，所以她很高兴。

这种专心诚意地听别人讲话，正意味着给予别人以最大的赞美。这种"暗示性赞美"是人类隐秘的通病所需要的处方。

如何做到倾听对方呢？

1. 要专心

倾听时要精神集中，神情专注。多与对方交流目光，别人讲话时要适时点头，并发出"是""对""哦"等应答。但不要轻易打断别人的谈话，也不要随便插话，若非插话不可，要先向对方表示抱歉，并征得对方的同意，如"对不起，我可以提个问题吗？"或"请允许我打断一下。"

2. 要虚心

交谈中要尊重对方的观点，即使你不同意别人的看法，也不要轻易打断别人的谈话。如确有必要，需等人家讲完后再阐明自己的观点。特别是对方还没有充分地把自己的意思表达清楚的时候，不要轻易表态，乱下断语，也不要挑剔批评。

3. 要耐心

交谈中要注意控制自己的情绪。有时会因为对方过长的发言或自己不感兴趣的话题而感到厌烦，这时要学会控制自己的情绪，不要表露出来，要耐心听他把话讲完，这是对讲话人的尊重。特别是对方有意见的时候，要耐心倾听，给对方提供宣泄自己不满的机会，有助于问题的解决。

心理学与交际之道

通过观察对方的交际圈来了解对方

有一句俗话"近朱者赤，近墨者黑"，意思是接近朱砂（红色的物质）的会变红，接近墨（黑色的物质）的会变黑，在心理学上这种现象被称为链状效应，它是指人在成长中的相互影响作用。很多时候，我们可以从对方的交际圈中看出对方的为人、品性、身份地位、层次背景甚至是其内心世界。他经常与什么人交往，与哪些人打交道，与哪类人接触，往往能反映出他是个什么样的人。

有个人要买驴，但不知那头驴的品性，就先牵来试用两天。

他把驴牵到自家牲口棚，和已有的三头驴系在一起。这三头驴，一头勤快，一头懒惰，一头善于讨好，人人对此了解得一清二楚。

这新买的驴子被牵回家后，不和别的驴子站在一起，只走到那头好吃懒做的驴子旁边。买驴人见状，二话没说，马上又牵着这头驴子回到市场上去。

"你还没有好好试试呢。"卖驴的人说。

"不必再试了。"买驴的人回答说，"现在我知道它是一头什么样的驴了。"

有一句俗话"近朱者赤，近墨者黑"，意思是接近朱砂（红色的物质）的会变红，接近墨（黑色的物质）的会变黑，在心理学上这种现象被称为链状效应，它是指人在成长中的相互影响作用。

我们每个人都生活在同一个世界上，居住在同一个地球村里。人与

第4章 心理学影响他人

人之间总是会存在某种程度上的交往，或在不同的环境中，或在不同的时间、空间下。

我们从出生到死亡，都在不停地与人接触，与人打交道，与人交往。总有自己的朋友，有些是兴趣相投，有些是个性相合，有些是性格互补，有些是利益共生，有些是酒肉朋友……

很多时候，我们可以从对方的交际圈中看出对方的为人、品性、身份地位、层次背景甚至是其内心世界。他经常与什么人交往，与哪些人打交道，与哪类人接触，往往能反映出他是个什么样的人。

一个整天和街头地痞小混混为伍，吃喝玩乐，酗酒打架，收保护费的人，通常情况下，就是个恶习满身的小痞子，或许他有一颗善良的心，但是经常在这种不良环境中行走，除非有颗坚韧的心，否则很可能就会丧失本来具有的多种好品性、好习惯，成为人人见了都要躲避的小恶霸。

不是人人都像《无间道》里的梁朝伟，在黑道混几年，和地痞、流氓、毒贩、走私犯在一起，打架、酗酒、抽烟、赌博，还能保持自己的本色——"我是一名警察"。

他经常失眠，因为他这一丝正义的心和他的日常生活的环境、所作所为有着巨大的差异。他也因为经常打架，已经有了暴力伤人的习惯或者说内心欲望，不能自控。

可见，经常接触什么人、做什么事，对一个人的影响有多大。

我们所见到的更多的情况是，很多人在不良环境的渲染下，在不良朋友的带动下，慢慢沉沦，走上歧途。吸毒的朋友迟早要让你染上毒瘾，嫖娼的朋友终会诱使你嫖妓，打架斗殴的朋友渐渐地会让你习惯于打架，巧取豪夺、奸诈的朋友会让你变得更阴险、不择手段。

而一个长时间生活在良好正统的环境下的人，受过良好教育，有着温暖家庭；整天和善良的、有涵养、有品位的人打交道的人，他本身就处在一个秩序井然、明朗阳光的环境中，他和他的朋友之间进行相互学习，成为一个善良、忠厚、有素养、有爱心的人。经常和单纯善良的人在一起，你也会变得单纯而善良。经常和有文化的人在一起，你也会受到感染，不知不觉中提升自己的知识素养。

《无间道》中刘德华由一个黑道卧底渐渐变成一个警察，尽管他的某些手段还有些不正当，但是他从内心里想当"一个好人"。

古代孟母为了让孟子有一个好的生长学习环境，经常接触到有文化、有涵养的温文尔雅之士，而三次搬家。今天我们是否也应该多和有能力、有魄力、有文化、有品性的人结交共处呢？

我们随着岁月的经历，逐渐形成了自己的交际圈，在这个圈子里，大家都共生在一条链子上，总是相互连接。

如果一个人经常和善良、正直、纯真的人在一起，那他应该是一个善良正义的人。如果他经常和狡诈阴险的人在一起，那他应该也是一个恶毒的小人。如果他经常和爱拍马屁的人在一起，他应该是一个爱慕虚荣的人。如果他经常和处事果断、有魄力的强人在一起，那他应该是一个头脑清醒、有远见的人。

看他身边的朋友，看他经常接触的人，通常情况下，我们就能判断出他是什么人，他的秉性风格、趣味爱好、身份地位、受教育程度、素养……这就是常说的"人以类聚，物以群分"，"道不同，不相为谋"。从一个人结交的朋友中，可以折射出这是一个什么样的人。而日常接触的朋友圈子，对人的一生有着重要的影响，它不仅改变一个人的习性，也改变一个人的内心。

领悟蝴蝶效应，从微小处识别他的心思

当对方经历了痛苦的事情，失落、沮丧、痛苦不堪时，我们并不需要多说什么，一个无言的拥抱，一个关切的眼神，一句"很难受吧"，都能引起他的共鸣，让他对你敞开心扉。

"一只蝴蝶在巴西轻拍翅膀，可以导致一个月后得克萨斯州的一场龙卷风。"这是美国麻省理工学院气象学家洛伦兹于1963年12月在华盛顿举行的美国科学促进会的一次讲演中提出的。

一只南美洲亚马逊河流域热带雨林中的蝴蝶，偶尔扇动几下翅膀，可能在一个月后引起美国得克萨斯州的一场龙卷风。这就是心理学上著名的蝴蝶效应。

蝴蝶效应说明，事物发展的极小偏差，将会引起结果的极大差异。也如同我们日常所说的"差之毫厘，谬以千里""一着不慎，满盘皆输"。

我们可以通过西方流传的一首民谣对此做形象的说明。这首民谣说：

丢失一个钉子，坏了一只蹄铁；

坏了一只蹄铁，折了一匹战马；

折了一匹战马，伤了一位骑士；

伤了一位骑士，输了一场战斗；

输了一场战斗，亡了一个帝国。

这就意味着，马蹄铁上一个钉子是否会丢失，影响着一个帝国的存亡。

古埃及流传着这样一个故事：一个小伙子听说有人说他的坏话，就愤愤不平去找人打架，路上走得口渴了，便向路边小屋的主人要一杯水喝。主人热情好客，看他满头大汗，除了送水以外又递过来一条毛巾。他谢过走出屋外，主人又追出来送给他一把伞让他遮阳。这个小伙子出门以后，心胸豁然开朗，只走了几步就转头回家了。为什么？因为对小屋的主人的热情招待心里充满了感激，原来那充斥在他心中愤愤不平的想法被冲淡了，他不想为区区小事去拼命了。

可能连小屋的主人都没想到，小小的一把遮阳伞——一个看似微不足道的善举，居然避免了一场可能发生的打斗。

对一些小细节的准确把握会对交往有很好的促进作用。很多时候，在与人的交往过程中，我们的一句话，一个小动作都能对他人有重大影响，要么是让他打开心门，要么是让他的心门从此关闭。

当对方经历了失落、沮丧、痛苦不堪时，我们并不需要多说什么，一个无言的拥抱，一个关切的眼神，一句"很难受吧"，都能引起他的共鸣，让他对你敞开心扉。

有一位中学生在她的QQ空间里写道：

"一天晚上，一个朋友拉我出去。我们并排坐在草坪上，十几分钟过去了，她一句话都没有说。从她的面部表情中，我看得出她遇到什么伤心的事情了。然后我轻轻拉着她的手，看着她的眼睛关切地说：'你不会是找我出来看月亮的吧。'瞬间她就破涕为笑，笑过之后大颗大颗的眼泪滴落下来。我只是静静地抱着她，任她在我怀里哭泣，我知道，她需要的不是说教、追问，而是一颗体会她的心。此刻，她的心向我敞开，而我也抓住了这颗心。自从那晚之后，我们的关系上升成了知己、以心读心的最好朋友。"

第4章 心理学影响他人

注重细节，把握细节，运用细节。蝴蝶效应使我们有可能"慎之毫厘，得之千里"，以小的代价换得未来的巨大"福果"。

 用热情感染你周围的每一个人

犹太学者阿尔伯特·呼巴德曾说："没有一件伟大的事情不是由热情所促成的。"好的母亲与伟大的母亲、好的演说家与伟大的演说家、好的推销员与伟大的推销员之间的差别，时常就在于有无热情。

卡耐基的办公室和家里都挂着一块牌匾，麦克阿瑟将军在南太平洋指挥盟军的时候，办公室里也挂着一块牌匾，他们两人的牌匾上写着同样的座右铭：

你有信仰就年轻，

疑惑就年老；

你自信就年轻，

畏惧就年老；

你有希望就年轻，

绝望就年老；

岁月使你皮肤起皱，

但是失去快乐和热情，

就损伤了灵魂。

这是对热情最好的赞词。

如果能培养并发挥热情的特性，那么，无论你是个挖土工还是大老板，你都会认为自己的工作是快乐的，并对它怀着深切的兴趣。无论有多么困难，需要多少努力，你都会不急不躁地去进行，并做好想做的每一件事情。

热情对于有才能的人是重要的，而对于普通人，它的作用却不仅仅是重要。它可能是你生命运转中最伟大的力量，使你获得许多你想要的东西。

热情不是一个空洞的词，它是一种巨大的力量。热情和人的关系如同蒸汽机和火车头的关系，它是人生主要的推动力，也是一个普通人想要生活好、工作好的最关键的心态。

或许你总是在想自己是一个各方面能力都很一般的人，经常用"我是一个普通人"的借口来原谅自己。假如你有这样的想法，那么你就要小心了，这样的心态会使你在还没有努力之前就已经失败，它是阻碍你获得幸福的最大障碍，使你与成功和金钱之间隔了一道厚厚的墙。

只要你确立的目标是合理的，并且努力去做个热情积极的人，那么你做任何事都会有所收获。

热情的心态可以补充精力的不足，发展坚强的个性。有些人很幸运，天生就是个乐观向上的人，而有些人却需要后天培养来获得。

培养良好的心态并不难，首先要选择你最喜欢的工作和最向往的事业。如果由于种种原因，你不能从事你喜欢的工作，那就把你想做的工作当做未来的目标吧。

热情能培养信心。

爱德华·亚皮尔顿是一位物理学家，发明了雷达和无线电报，获得过诺贝尔奖。《时代》杂志曾经引用他的一句话:"我认为,一个人想在科学研究上取得成就,热情的态度远比专门知识更重要。"

这句话若是出于普通人之口,可能不会被人重视,但出自于成功者之口,那就意义深远了。既然对从事严谨科学研究的成功者来说,热情是那么重要,那么对从事一般工作的普通人来讲,热情岂不更应该占有更重要的位置?

别说"你错了"

当我们犯了错误时,并非意识不到犯了错误,只是顽固地不肯承认而已。所以,当你对一个人说"你错了"时,必然会撞在他固执的墙上。

我们多数人都具有武断、固执、嫉妒、猜忌、恐惧和傲慢等缺点,所以我们很难向别人承认自己的错误。

而且,一个人说错话或者做错事,总是有原因的,所以我们即使明知自己错了,也会强调客观原因,认为错得有理。

正如罗宾森教授在他的《下决心的过程》中所说:

"我们有时会在毫无抗拒或热情淹没的情形下改变自己的想法,但是如果有人说我们错了,反而会使我们迁怒对方,更固执己见。我们会毫无根据地形成自己的想法,但如果有人不同意我们的想法时,反而会全心全意地维护我们的想法。显然不是那些想法对我们珍贵,而是我们的自尊心受到了威胁……'我的'这个简单的词,是做人处世的关系中最重要的,妥善运用这两个字才是智慧之源。不论说'我的'晚餐,'我的'狗,'我的'房子,'我的'父亲,'我的'国家或'我的'上帝,都具备相同的力量。我们不但不喜欢说我的表不准,或我的车太破旧,也讨厌别人纠正我们对火车的知识……我们愿意继续相信以往惯于相信的事,而如果我们所相信的事遭到了怀疑,我们就会找借口为自己的信念辩护。结果呢,多数我们所谓的推理,变成找借口来继续相信我们早已相信的事物。"

有一位先生,请一位室内设计师为他的居所布置一些窗帘。当账单送来时,他大吃一惊,意识到在价钱上吃了很大的亏。

过了几天,一位朋友来看他,问起那些窗帘时,说:"什么?太过分了。我看他占了你的便宜。"

这位先生却不肯承认自己做了一桩错误的交易,他辩解说:"一分钱一分货,贵有贵的价值,你不可能用便宜的价钱买到高品质又有艺术品位的东西……"

结果,他们为此事争论了一个下午,最后不欢而散。

当我们不愿承认自己错了的时候,完全是情绪作用,跟事情本身已经没有关系。当我们错的时候,也许会对自己承认。如果对方处理得很巧妙而且和善可亲,我们也会对别人承认,甚至以自己的坦白直率而自豪。但如果有人想把难以下咽的事实硬塞进我们的食道,那我们是绝不肯接受的。

既然我们自己是这种习性,那么就可以理解别人也具有同样的习性,因此不要把所谓"正确"硬塞给他。

有一位汽车代理商,在处理顾客的抱怨时,常常冷酷无情,不肯承认是自己的错误,总想证明问题的根源是顾客在某些方面犯了错误。结果,

第4章 心理学影响他人

他每天陷于争吵和官司纠纷中，心情一天比一天坏，生意也大不如以前。

后来，他改变了处理客户抱怨的办法。当顾客投诉时，他首先说："我们确实犯了不少错误，真是不好意思。关于你的车子，我们有什么做得不合理的地方，请你告诉我。"这个办法很快使顾客解除武装，由情绪对抗变成理智协商，于是事情就容易解决了。如此一来，这位代理商就能轻松地处理每一件事情，生意也越来越好。

当我们说对方错了的时候，他的反应常让我们头疼，而当我们承认自己也许错了时，就绝不会有这样的麻烦。这样做，不但会避免所有的争执，而且可以使对方跟你一样地宽宏大度，承认他也可能弄错。

古埃及阿克图国王在一次酒宴中对他的儿子说："圆滑一点。它可使你予求予取。"

不要对别人的错误过于敏感，不要执著于所谓正确的意见，不要轻易刺激任何人。如果你要使别人同意你，应当牢记的一句话就是："尊重别人的意见，永远别说'你错了'。"

尊重他人就会获得他人尊重

人都是有自尊的，都渴望获得他人的尊重。大而言之，在社会阶层中，小而言之，在一个团队中，只有收入高低、分工不同的区别，但绝对没有人格的贵贱之分。扪心自问，我需要别人的理解和尊重吗？同样，这也正是别人都需要的。聪明的人就要先理解和尊重别人。

有位企业老板一次批评他的女秘书："你这件衣服很漂亮，你真是一个迷人的小姐。只是我希望你打印文件时注意一下标点符号，让你打的文件像你一样可爱。"女秘书对这次批评的印象非常深刻，从此打印文件很少出错。

这位老板算得上是一位聪明的人了，说话如此委婉、客气，是他拥有了好修养、好气度的体现。假如他换一种盛气凌人的口吻呵斥："你怎么工作的？连标点符号都搞不清楚，亏你还是大学生呢？"只能让下属委屈，反而达不到纠正对方错误的目的。

有人说的话，立足点和出发点本来是不错的，但由于说话时不尊重对方，因而导致无谓的误解和争端。

人的心灵就像花朵：开放时会承受柔润的露珠；闭合时会抵御狂风暴雨。我们规劝别人，实际上就是让他的心灵开放。但是，被规劝的人往往用闭合来抵御我们的语言，因为他并不知道我们送的是雨露，而只知道怎样保护他的自尊心。所以，要想不损伤他的自尊心，尊重别人是至关重要的。

一般来讲，我们规劝别人很容易使自己站在比别人高的位置上。而本质上，也确实比别人高，因为你觉得你的观点比别人的观点正确，这才能劝人；如果觉得比别人低，那就表明你的观点不正确，或者对自己的观点不自信，那还去劝什么人呢？因此，劝人的人实际上的位置应该是高的，但这种高，在劝人时是不能表现出来的，只能摆在和被劝人平等的位置上，这不是虚伪，而是方法上的需要。只有当被劝人觉得你尊重他了，设身处地地在为他着想，他才能认真考虑你说的话，才能把心扉打开，才有可能达到劝说的目的。相反，你自恃自己有理，说得对，把位置摆得高高在上，甚至不注意语言的表达方式，一派批评人的口气，势必引起被批评人的反感，因为你没有尊重他，他会想出各种办法来对付你，使你不但没有达到规劝的目的，还生出一肚子气。如果他迫于某种压力或其他因素，而屈服于你的批评，口头上也许承认自己错了，内心深处还是不会听你的。

有一个老师在课堂上提问学生的例子。

老师："请张丽同学回答问题。"

张丽："我不回答。"

老师："张丽同学，你既然不回答我的问题，必定有原因。你能告诉我是什么原因吗？既然你不肯说明，那让我分析一下：是不是我有什么地方做得不好，不能为人师表，不能让同学们信服，甚至玷污了人民教师的光荣称号，才使你这样呢？"

张丽："老师，没有，没有的事。"

老师："既然我还称职，我想你也不是有意让我难堪。那么，让我猜测一下你是怎么想的吧。我认为，不外有三种情况：第一，可能是我的启发式教学搞得不得当，问题提得过于浅薄，引不起你的兴趣，你不屑于回答，是这样吗？"

张丽："不，不是。"

老师："第二，是你能回答这个问题，但不想回答。如果是这样，你现在回答也不迟。"

张丽："我……我……"

老师："第三种情况可能是你不会回答，但又碍于情面，不肯承认自己不会回答的现实，忽然一时糊涂，想以强硬的态度搪塞过去。但我为什么要这样认真呢？我实在不愿看到你交不上答卷呀。"

张丽："老师，您，您别说了……请告诉我这个问题该怎么回答……"

这位老师尊重自己的学生,并心平气和地耐心引导,消除了学生反感的情绪,终于打开心扉。

试想如果这位老师居高临下,不管青红皂白,一通批评,学生的抵触情绪会更大,不会轻易地认错的,因为她失了面子,老师势必没有达到规劝的目的,甚至可能连课也没法继续上下去了。

 表达出你的喜爱之情

心理学研究表明,我们通常喜欢的人,是那些也喜欢我们的人。他不一定很漂亮,或很聪明,或者很有社会地位,仅仅是因为他很喜欢我们,我们也就很喜欢他们。这个规律叫做相互吸引定律。

一天,妻子请她的丈夫讲出自己的6个缺点,以便成为更好的妻子。他想了想说:"让我想一想,明天早晨再告诉你。"第二天一大早,他来到鲜花店,请花店给妻子送6朵玫瑰,并附上一个纸条:"我实在想不出你需要改变的6个缺点,我就爱你现在这个样子。"当他晚上回到家时,妻子站在门口迎接他,她感动地几乎要流泪。

人都有一些自恋,也就是喜欢自己。这个世界上,你最爱的人是谁?恐怕大部分人都会回答是自己。人们都把自己当成世界的中心,自己作为衡量一切的标准。

第4章 心理学影响他人

这符合人的自我中心的本性。如果别人喜欢我们,就比较容易赢得我们的喜欢,而不管他客观上是怎样的人。

看看你身边的人,你想过你喜欢的人通常具有哪些特征吗?你喜欢他们,是因为他们漂亮吗?还是因为他们聪明?或者是因为他们有钱?有社会地位?

心理学研究表明,我们通常喜欢的人,是那些也喜欢我们的人。他不一定很漂亮,或很聪明,或者很有社会地位,仅仅是因为他很喜欢我们,我们也就很喜欢他们。这个规律叫做相互吸引定律。

那么,我们为什么会喜欢那些喜欢我们的人呢?因为喜欢我们的人使我们体验到了愉快的情绪,一想起他们,就会想起和他们交往时所拥有的快乐,使我们一看到他们,自然就有了好心情。而且,那些喜欢我们的人使我们受尊重的需要得到了满足。因为他人对自己的喜欢,是对自己的肯定、赏识,表明自己对他人或者对社会是有价值的。

这就是为什么很多人都会说:"我宁愿选择喜欢我的人,也不要选择我喜欢的人。"人都有惰性,无休止的付出却得不到回报对每个人来说,都是件极其痛苦的事情。而和喜欢自己的人在一起,就会感到非常轻松快乐,因为他时时刻刻都在用心地对待你,让你开心,把你放在心上,你会有一种被重视的感觉。

有些人很善于利用这个心理定律赢得别人的好感。那就是,为了得到别人的认可,就表现出喜欢对方的样子。

比如推销员,他每天要面对许多从未谋面的人,他也许并不了解那些人,但是,他必须表现出对对方的喜欢,这是为了让对方也喜欢他、接受他,他的生意才好做。

可以说,这个规律在社交场中很具有实用价值。这是赢得别人好感的捷径。你可以经常表现出对别人的兴趣，这就表明你对他有好感，就会很容易赢得他同样的情感回报。

回想一下我们自己，当别人表达出对我们的喜爱的时候，我们是不是会有一种莫名其妙的欣喜？我们会不自觉地对他有着更深的印象，有着更好的感觉，甚至会不自觉地对他也产生好感？

这种心理规律，在某种程度上，也和人们缺乏自信有关。一个人如果自我尊重程度较强，较为自信，那么别人表示出来的对他的喜欢和赞扬，对他的影响就不是很大，人际吸引的相互性原则对他的作用也就不是很大。

而那些具有较低自我尊重的人，往往不喜欢那些给他们否定性评价的人，因为他们极不自信，所以特别需要别人的肯定，特别看重别人表达的对自己的喜欢。

有很多这样的情况，就是两个人的相互喜欢是由一个人对另一个人单方面喜欢开始的。比如一个女孩开始时对一个男孩并没有多少好感，但是这个男孩子表现出了对她特别喜欢的态度，使这个女孩久而久之，也对这个男孩动心了，最后接受了他的追求。

有一个小伙子固执地爱上了一个商人的女儿，但姑娘始终拒绝正眼看他，因为他是个古怪可笑的驼子。

这天，小伙子找到姑娘，鼓足勇气问："你相信姻缘天注定吗？"

姑娘眼睛盯着天花板答了一句："相信。"然后反问他，"你相信吗？"

他回答："我听说，每个男孩出生之前，上帝便会告诉他，将来要娶的是哪一个女孩。我出生的时候，未来的新娘便已经配给我了。上帝还告诉我，我的新娘是个驼子。我当时向上帝恳求：'上帝啊，一个驼背的妇

女将是个悲剧,求你把驼背赐给我,再将美貌留给我的新娘。'"

姑娘看着小伙子的眼睛,把手伸向他,之后成了他挚爱的妻子。

 增加见面的次数

有些人我们第一次见可能觉得她不漂亮,不温柔,不是自己喜欢的类型。但是天天见,时间长了,是不是也会越看越觉得她很漂亮、很可爱呢?

有一位著名的心理学家查荣茨做过这样一个实验:先向被试验者出示一些照片,有的出现了20多次,有的出现了10多次,有的只出现了一两次,然后请被试验者评价对照片的喜爱程度。结果发现,被试验者更喜欢那些看过很多次的熟悉照片,而非那些只看过几次的新鲜照片,也就是说,看的次数增加了喜欢的程度。

这种对越熟悉的东西就越喜欢的现象,心理学上称为多看效应。

人的心既坚强又柔弱,是一个很奇妙的存在体。有些感情因素,比如喜欢,会在不知不觉的接触中产生。接触频率,或者说见面次数越多,越会喜欢。

有社会心理学家为了证明这个效应,曾做过一个实验:在一所大学的女生宿舍楼里,他们随机找了几个寝室,发给她们不同口味的饮料,然后要求这几个寝室的女生,可以以品尝饮料为理由,在这些寝室间互相走动,但见面时不得交谈。一段时间后,心理学家评价她们之间熟悉和喜欢的程度。结果发现:见面的次数越多,相互喜欢的程度就越大;见面的次数很少或根本没有,相互喜欢的程度也较低。

闭上眼睛,仔细回想一下,我们对有些人的印象一般,但是随着经常的接触,是不是会越看越顺眼,甚至会越来越喜欢?

有些人我们第一次可能觉得她不漂亮,不温柔,不是自己喜欢的类型。但是却天天见,时间长了,是不是也会越看越觉得她很漂亮,可爱?

聪聪、小华和明明三个人在高中是同一个班,彼此都是很好的朋友。但是高考之后,聪聪和小华都考在了同一所大学读书,而明明则考到了另一座城市的一所大学里上学。聪聪和小华几乎每个星期都会碰面四五次,有时是相约一起出去玩,有时是一起吃个饭,有时是在校园巧遇。明明在新学校也结识了许多自己的新朋友,和聪聪、小华则是只在寒暑假才在家乡见面,一起开心地玩几天。结果很显然,尽管他们三人还是好朋友,但是不知不觉中,聪聪和小华的关系更加亲密,而与明明则有些莫名其妙的生疏。

可见,若想增强人际吸引力,就要留心提高自己在别人面前的熟悉度。

当一个男生喜欢一个女生的时候,就可以时不时地故意制造见面的机会。假如她经常去某个教室上自习,你就故意也在那个时间点去那个教室上自习,"嗨,这么巧,你也来这上自习呀",并想尽办法坐得离她近点儿。

试想,你每天都这样见到她,在她旁边学习,就有机会了,所谓"近水楼台先得月",你在时不时地和她探讨下问题,送她回家或寝室。她会对你的印象越来越深,很可能会不知不觉地就喜欢上你。

假如你想得到领导的重视和赏识,你就有必要经常向领导汇报工作。工作一开始,就要先汇报,工作进行到一定阶段,要按时汇报,进行到一

第4章 心理学影响他人

定程度，要及时汇报，工作完成，要立即汇报。这样，经常性地汇报，与领导接触的机会就多了，见面的次数也多了，让领导了解你的机会也多了，与领导越熟悉，领导越有可能喜欢你，这样，提拔你的可能性就大了。不管成不成，混个脸熟，机会总要大些。

如果我们想与某人建立良好的关系，就不妨多找机会和他见面。

 多一点关心，把别人放心上

不需要怀疑，人最关注的就是自己。所以，你要想让别人喜欢你，就对别人多一些关心。

有家餐厅，一群人坐着聊天，适逢餐厅员工下班，有位服务员推自行车时，不小心摔了一下，只见经理快速起身跑了过去，扶起那位服务员关切地问："摔伤了吗？要不要去医院看看？"服务员回答："不用"。"你看腿都摔破皮了，去餐厅搽点药，歇歇再走吧。"经理小心地扶着她回到餐厅，然后就去找药，找到药后，又亲手替服务员擦上，还对她说如果不舒服，下午就不用来上班了，工资照发。那位服务员连声说："不用，不用。"这种做法比发几百元钱奖金更能赢得这位服务员对工作的热爱。

对小事的处理能反映人的素质。上班时大家相互见面打个招呼，问一声"身体完全好了没有？要不要再多休息几天？"或者"家里的事解决了吗？要不要帮忙？"这种简短的问话就能温暖人心。

有些人和同事、熟人、朋友许久没见面了，但见了面后，却仍然还像平时一样，这样岂不令人伤心？试想如果你许久没上班，上班后别人见到你没有任何特别的表示，你心里一定会有这种感觉：我这么久没来上班原来他们还不知道，我在他们眼里太不重要了。既然你有这样的感觉，别人也一样。下次你遇见许久没见的朋友时，别忘了用惊讶、亲热的语气表达你的问候。"好久没见你了，干什么去了？""好久没见了，真有些想你。"

关心别人，意味着被他的兴趣所吸引，为他的高兴而高兴，因他的担忧而担忧。一个人只要对别人真心感兴趣，他必将赢得真正的友情，必将在需要帮助的时候获得毫不犹豫的帮助。

要知道，每个人都觉得自己很重要！或者说，每个人都希望被别人认为很重要。如果对方感觉到他在你心目中很重要，他一定会对你产生好感——没有人会讨厌一个喜欢自己、尊重自己的人。

有些人自视甚高，他们觉得自己很重要，却忘了别人也需要这种感觉。他们在不经意间流露出对别人的轻视，于是受到大家的疏远。只有使别人产生重要的感觉，你才会受到他们的欢迎。

如何使对方产生重要的感觉呢？礼貌上的尊重是毫无疑问的，关键是你要把他放在心上，同时还可以采用一些让人产生好感的方法，比如：

关心对方关心的事。他关心自己的利益，关心自己的健康，关心自己的家人……你只要对他的利益、他的健康、他的家人……表现出足够的关心，他就会把你当成自己人。

欣赏对方欣赏的事。他欣赏自己的成就，欣赏自己的能力，欣赏自己的风度……你只要对他的成就、他的能力、他的风度……表现出你真诚欣赏，他一定会欣赏你，把你当成难得的知音。

请教对方擅长的事。自己不懂的问题、不清楚的事情，不妨向对方求教，既可增长见识，又能得到对方好感，何乐而不为？

"你以怎样的态度对待别人，别人也会以怎样的态度对待你。"这是成功学家拿破仑·希尔的一句名言。

你轻视一个人，你就不会把他放在心上，对他的一切都漠不关心；你重视一个人，你就会关心他的感受，关心他所处的状况。当他感受到你的轻视或重视后，也会报以同样的态度。当你想改善和巩固跟某个人的关系时，把他放在心上，无疑是一条捷径。

美国前国务卿奥尔布赖特十多年前是BON电影公司的公关部经理。她面临着巨大的职业挑战，同时又必须面对许多现实的东西，像人际关系的处理、家庭生活的和谐等，但她巧妙地使这些繁琐的事情顺畅起来。

比如，她的下属总会在某一个繁忙的下午突然收到一张上面写着诸如"你辛苦啦""你干得非常出色"之类的小卡片或一张精致典雅的卡片；而在她丈夫生日的那一天，她总会努力举办一个家庭小舞会，而且是一个人事先布置好。就这样，在繁忙工作的间隙，她并没有花太多的时间，却给他人送去了一份又一份快乐。

她对这一做法，饶有兴趣地解释说："大家的生活节奏都那么快，大部分人都忘了一些最基本的问候，都认为这些是无足轻重的小细节。其实正是这些细小的方面使人与人之间的情感变得不那么紧张，那我就想：为什么我不能做得更好些呢？"

她又说："一份小小的问候就能体现出一个人的真挚和诚意，使他人感到温暖。人与人之间渴望沟通和交流，而这些细小的方面是最能体现出你的那一份心意的。这是对我个人形象、风度的一个最佳传播，当她们看到那张卡片的时候，就一定会想起我，而且在她们心中隐含着对我的那一份谢意，会使她们更认为我是一个完美无缺的人，她们总会想到我好的地方，不会注意我的缺陷。"

显然，奥尔布赖特的这一番言论有许多值得我们借鉴的地方，人与人的关系不一定非要在大事中才能体现出来，在日常生活的琐碎小事之中更能体现你的友善。

既懂得工作的重要，也深信生活的乐趣，随时把心中最真诚的愉悦带给大家，这正是处理人际关系的要诀。

维也纳著名心理学家亚佛·亚德勒，写过一本叫做《人生对你的意识》的书。在那本书中，他说："不对别人感兴趣的人，他一生中的困难最多，对别人的伤害也最大。所有人类的失败，都出自于这种人。"亚德勒这句话真是意味深长。

生活中的很多很多的问题，就是因为一方不把另一方放在心上或者双方互相不把对方放在心上而引起的，种种仇视和敌意也因此而生，并带来数不清的麻烦。如果每个人都对别人多一份关注、多一份重视，人与人之间将变得更加温馨和谐。

雪中送炭最暖人心

你想获得别人的好感，成为一个到处受欢迎的人，有一个简单的办法：让他人从双方的交往中受益。

第4章 心理学影响他人

俗话说:"不惜钱者有人爱,不惜力者有人敬。"让他人受益,能让人喜欢,但是,雪中送炭却能给人留下更深的印象,能让你获得忠诚和情义。

鲁肃和周瑜是两个著名的历史人物,他俩在同朝为官之前,还有一段鲜为人知的故事:

三国争霸之前,周瑜并不得意。他曾在军阀袁术部下当了一个小小的居巢长,也就相当于一个小县的县令罢了。

这时候地方上闹饥荒,年成不好,粮食问题日渐严峻起来。居巢的百姓没有粮食吃,活活饿死了不少人,军队也饿得失去了战斗力。周瑜作为父母官,看到这悲惨情形,急得心慌意乱,却不知如何是好。

有人献计,说附近有个乐善好施的财主鲁肃,他家素来富裕,想必囤积了不少粮食,不如去向他借。

周瑜带上人马登门拜访鲁肃,寒暄过后,周瑜就直接说:"不瞒老兄,小弟此次造访,是想借点粮食。"

鲁肃一看周瑜仪表不凡,定是大器之才,有心结交,哈哈大笑说:"此乃区区小事,我答应就是。"

鲁肃亲自带周瑜去查看粮仓,这时鲁家存有两仓粮食,各三千斤,鲁肃痛快地说:"也别提什么借不借的,我把其中一仓送与你好了。"

周瑜及其手下一听他如此慷慨大方,都愣住了。要知道,在饥馑之年,粮食就是生命啊!周瑜被鲁肃的言行深深感动了,两人就此交上了朋友。

后来周瑜当上了将军,他不忘鲁肃的恩德,将他推荐给孙权,鲁肃终于得到了干大事业的机会。

濒临饿死时送一个萝卜和富贵时送一座金山,就内心感受来说,完不一样。前者是急需之物，能够解决生死大事，无疑更让人感之于心。

"汽车界的经营奇才"亚柯卡曾说："所谓经营，无非是一种人际关系的网络而已。"

其实，不管是经营事业，还是经营人生，都不过是一种人际关系的网络。你把人际关系搞得好，到处有人相助，自然成功。大凡成功人士，都善于放"人情债"，到处播撒人情的种子，这是他们人际关系畅通、事业有成的一个重要原因。

乌井信治郎是日本桑得利公司的董事长，深受部下爱戴，员工都称呼他"父亲"，因为他对部下的关怀确实犹如慈父般温暖。员工有困难，乌井总是尽心尽力地关怀帮助，就像父亲对待自己的儿女一样。

有一次，新职员作田的父亲不幸去世。他不想让同事知道他家有丧事，以免麻烦人家。但在出殡当天，乌井率领桑得利的全体员工到殡仪馆帮忙。他还像死者的亲属一样，站在签到处，对前来祭拜的人一一磕头答礼。

丧礼结束后，乌井对作田说："没有车子，你和伯母如何回家呢？"说完，立刻跑去叫了一辆计程车，亲自送作田和他的母亲回家。

后来，作田当上主管后，常对部下提起此事，并说："从那时起，我就下定决心，为了老板，即使牺牲性命也在所不惜！"

世界上任何重要的事情，都是人的事情，只要把人打理好了，则无事不可成。你种下人情，将收获成倍的人情。而雪中送炭显然是一颗人情的良种，必将使你收获人情的硕果。

第5章

[跳出偏见心理怪圈]
眼光对了，态度就对了

我们似乎特别容易讨厌别人，觉得别人虚伪、矫情、功利、庸俗，是道德不好的人，而且常常觉得自己受到了不公正的对待，别人总是跟自己有意作对。其实，我们看待他人的主观态度发生了偏差，主要是因为心理上的偏见。这就像一面镜子，你对它哭，它就会对你哭，你对它笑，它也会对你笑。一个人的心理影响和他对待他人的态度有很大的关系。

找到对方的闪光点，用放大镜看人

心理学家说，在实际生活中没有人是完全自信的，因此大多数人都特别需要别人对自己的肯定。

奥托·瓦拉赫是诺贝尔化学奖获得者，他的成才之路非常曲折，却又如此精彩，真是一部人生传奇。

瓦拉赫在开始读中学时，父母为他选择的是一条文学之路，希望他能成为文学巨匠。不料一个学期下来，文学老师为他写下了这样的评语："瓦拉赫很用功，但过分拘泥。这样的人即使有着完美的品德，也绝不可能在文字上发挥出来。"

后来，瓦拉赫爱上了画画，于是在父母的支持下，他改学油画。可是瓦拉赫既不善于构图，又不善于调色，对艺术的理解力也不强，在班上的成绩是让人极度伤心而又无奈、失落的倒数第一，学校的评语更是难以令人接受："你是绘画艺术方面的不可造就之才。"

面对如此"笨拙"的学生，绝大多数老师都认为他已经是成才无望，朽木不可雕也。父母也是忧心忡忡、不知如何是好，看到小瓦拉赫，他们疑惑于——美好的愿望和现实总是有差距，有时差距还很大。

只有化学老师认为他做事一丝不苟，具备做好化学实验应有的各项优秀品质，极力建议他试学化学，父母接受了化学老师的建议。

第5章 跳出偏见心理怪圈

这次，瓦拉赫智慧的火花被彻底点燃，一发不可收拾，文学艺术的"不可造就之才"一下子变成了公认的化学方面"前程远大的高材生"。经过努力和天分潜能的发挥，最终成为举世瞩目的化学家。

这就是著名的瓦拉赫效应。每个人的天赋优势、智能发展都是不均衡的，都有优势和弱势，一旦发现他们的最佳点，使之得到充分的发挥，就可以获得惊人的发展。

在人际交往中，瓦拉赫效应告诉我们，每个人都有自身的优点和缺点，在个人成长的过程中，或许有一些明亮的光点和灰色的污点。我们要多用心观察，真心体会，尊重、信任、关爱他人，发现他身上的闪光点、优秀品质，真诚地和他交往。

不能只看到他暂时的平庸或困境，而忽视其未来的发展潜能，瞧不起、歧视他。不能心存偏见，因为一些性情上的瑕疵就全面否定他，甚至给他打上坏人的标签。

有时候眼睛会欺骗我们，让我们一叶障目，只看到他的平凡，看不到他被平凡包裹着的光芒四射的潜能。

千里马尚需伯乐来发现。一个现在没有钱的穷小子，也有可能经过努力和某些天赐的机遇而成为富豪。他身上所具备的那份潜能、那份品质，执著、勇敢、乐观、雄心、宽容和爱，你是否能看见？一个丑小鸭的美丽动人，你又是否能看得见？

在与人交往中，我们要善于发现他人身上的可取之处、可学之处、可用之处。

我们可以从学识渊博的学者、教授身上学到丰富的知识、独特的思维方式、科学的研究方法、实用的解决问题方法；可以从商人身上学到精湛的经商之道、做人之法；可以从一个普通的青年身上感受到对国家的热爱和忠诚；可以在一个卖饼老人身上看到善良、忠厚和真诚；更可以在一个赌徒、酒鬼或者嫖客身上发现卓越的文学才能、治国能力或者经济、军事才干（丘吉尔首相曾经酷爱喝酒和赌博）。

刘邦的岳父吕太公，在刘邦还是个小亭长的时候，就断言他将来能有大作为、大富贵，非要把女儿嫁给他。后来，刘邦果然成就一番帝业，自己的女儿也成了皇后，她就是历史上有名的吕后。这位吕太公真可谓是慧眼识英雄。

利用近因效应，挽回不利让人喜欢你

不管当初如何恩爱，如何甜蜜，如果不能经常保持新鲜感，近因效应会使我们忘记对方过去的好，而因为喜新厌旧，具有移情别恋的可能。

生活中我们是否见到这些现象：

某人犯了一个错误，人们便改变了对这个人的一贯看法。某电视台著名节目主持人，一生声名卓著，到了晚年却晚节不保，因为一桩私生活的丑闻而败坏了一世名声。

某人因做了一件有意义的好事，人们就认为他是浪子回头金不换，以前的不好都随之而去，从此对他刮目相看。

在朋友交往中，有时多年的友谊会因一次小别扭或误会而告终。

夫妻之间吵架，一气之下，可能全忘记了对方过去的好处和恩爱，只

第5章　跳出偏见心理怪圈

想着离婚。

……

这些都是心理学上的近因效应在起作用。

近因效应是指在多种刺激一次出现的时候，印象的形成主要取决于后来出现的刺激。

曾国藩有一个有趣的故事，证明了这个效应。

曾国藩在最初和太平军的交锋中，一直处于劣势，于是在奏折中称自己"屡战屡败"。

但他幕下的一个师爷看了说，不要这样写，而将四个字的位置调动了一下，变成了"屡败屡战"。

曾国藩恍然大悟，把奏折改了过来，交了上去。

结果一个"常败将军"的形象变成了败而不馁、坚忍不拔的形象。

近因效应还有一个表现就是，在人与人交往的过程中，往往最后的一句话决定了整句话的调子。

比如，老师跟学生说："总能考上一个学校吧，虽然录取率那么低。"或者说："虽然录取率那么低，总能考上一个学校吧，"这两句话的意思是一样的，只因语句排列的顺序不同，给人的印象却全然不同。

前者给人留下悲观的印象，后者则给人乐观的印象。

在日常的人际交往过程中，我们对他人最近、最新的认识占了主体地位，掩盖了以往形成的对他人的评价，因此，也称为新颖效应。

生活里，我们总是强烈谴责喜新厌旧的人，认为他们的行为是不道德的。然而，在交往中，很多人都有"喜新厌旧"的习性——比较重视新的信息，而不太重视旧的信息。

近因效应实际上包含着人类喜新厌旧的本性。这提醒我们，人际关系是需要"保鲜"的,尤其是夫妻之间。

贺岁大片《手机》里有句流行一时的台词:"在一张床上睡了20年,难免会有一些'审美疲劳'。"这句话就是说,不管当初如何恩爱,如何甜蜜,如果不能经常保持新鲜感,近因效应会使我们忘记对方过去的好,而因为喜新厌旧,具有移情别恋的可能。

新信息比以前得到的信息对于交往活动有更大影响,新信息会使人们早已习惯的认识和印象发生质的飞跃。

张娟和郭珊珊是同时进入公司的新同事,俩人对彼此的第一印象都很好,脾气相投,背景学历相当,对问题的看法和角度也很相似,真是酒逢知己千杯少,俩人慢慢成了好朋友。

日子一天天过去,俩人也是越来越有默契,友谊之树在慢慢成长。

但是最近,在闲谈中,张娟发现郭珊珊的一些话语和以前告诉她的不一样,前后矛盾,于是心中犯疑,对郭珊珊以前的一切友好都打上了问号,认为她是个不真诚的人,从此以后对她说的任何话都不相信了。

那么近因效应是否和首因效应相矛盾呢?

其实,它们并不矛盾,而是各自有着适用的范围。心理学家告诉我们:在与陌生人交往时,首因效应影响较大,而在与熟人交往时,近因效应则有较大影响。

这就提醒我们,在人际交往中,不能依靠吃老本,要时刻注意近期的表现,时刻注意保持已经树立起来的形象。

平时在和老朋友的交往中,每一次交往都要认真对待,特别是每一次交往最后几分钟的音容笑貌。

由于是老朋友,就没有什么首因效应可言了,而到底哪一次交往能发生近因效应,却是无法预料的。

第5章 跳出偏见心理怪圈

只要有一次表现得有点异样或特别,那么过去的表现可能就会大打折扣甚至一笔勾销。因此,每一次交往都得小心行事,不能因为是老朋友就"忘乎所以"。

换位思考,像感受自己一样去感受他人

常告诉某人你对他的感觉如何,你会感觉更好。

人与人之间能够换位思考,将心比心,去理解别人的想法和感受,从对方的立场来看事情,以别人的心境来思考问题。这在心理学上被称为移情效应。

古希伯来有一个国王叫所罗门,是个令后世敬仰的"有道明君"。关于他有一个广为流传的故事。

一次,在国王办公时,有一对老夫妇闯进来,老翁讲他想要离婚,所罗门问:"为什么?"老翁讲出了若干个理由。所罗门边听边点头,最后说:"是的,你是对的,你们应该离婚。"

话音未落,老妇人强烈反对,说绝对不同意离婚。所罗门问她理由,她的"理由"比老翁还要充足。所罗门同样边听边点头,最后说:"是的,你是对的,你们不应该离婚。"

这时,国王身边的大臣见国王如此断案,忍不住站出来反对说:"大王,你不应该这样断案,你这样断案是不对的。"所罗门同样边听边点

头，最后说："不但他们是对的，你也是对的，确实没有如此断案的，尤其是作为一个国王。"

这个故事启示我们，在交往中，要把自己设想成别人，去体会他们的内心感受，去理解他们真正的想法，以他们的角度考虑问题。

用心倾听他人，用心体会他人，心与心的交流，彼此情感的碰撞。

每当与他人相处时，我们何不问自己一声："假如我是他，我现在的心境怎样？我最需要的是什么？"

现实中，由于每个人的立场不同、所处的环境不同，对同一个问题的看法和处理态度也会有所不同。

有则小故事是这样说的。在一个农场大仓库里，住着一只小猪、一头奶牛和一只小羊。

一天，小猪被主人抓住，大叫起来，猛烈挣扎。奶牛和小羊听着这撕心裂肺的叫声，非常讨厌地说："主人常常抓我们，也没见我们大呼小叫，瞧你喊得，犯得着吗？"

小猪涨红着它的猪头脸，气急败坏地说："他抓你们，是要你们的奶和毛，但是抓我，就是要命呀！"

每个人都是一个独立的个体，总习惯于站在自己的角度去看待外在的问题。即使是关系十分亲密的夫妻，也常常会出现不能运用移情效应换位思考的现象。

妻子正在厨房炒菜。丈夫在她旁边一直不停地唠叨："慢点，小心，火太大了，赶快把鱼翻过来，快铲出来，油放太多了，把豆腐整平一点，哎呀，锅歪了……"

"住口，"妻子脱口而出，"我懂得怎样炒菜。"

"你当然懂得，太太，"丈夫凝重地看着她说："我只是想让你知

第5章 跳出偏见心理怪圈

道,我在开车时,你在旁边喋喋不休,我的感觉如何。"

那么,真正的移情效应是什么呢?是一位智者说的四句话。

第一句话,把自己当成别人。在你感到痛苦忧伤的时候,就把自己当成别人,这样痛苦自然就减轻了;当你欣喜若狂之时,把自己当成别人,那些狂喜也会变得平和一些。

第二句话,把别人当成自己。真正同情别人的不幸,理解别人的需要,而且在别人需要帮助的时候给予恰当的帮助。

第三句话,把别人当成别人。充分尊重每个人的独立性,在任何情形下都不能侵犯他人的核心领地。

第四句话,把自己当成自己。因为你爱别人,所以你要爱自己。

真正按照这四句话去做,体会别人的感受,明白别人的所需,并恰当地给予,尊重别人,让他感受到你的关心,你的真诚,你的心意,双方才能建立真正的感情。

有时我们以为别人遇到了痛苦的事,我们就该安慰他,抚平别人的创伤。然而,实际情况却并非如此简单。

倩倩的丈夫突发心脏病去世,料理完丧事,她疲倦且悲伤地回到家后,就开始面对亲友日复一日地关心询问:"他是怎么死的?""你怎么没有及时呼救?""之前你们夫妻吵过架吗?""天哪,怎么会发生这样的事!"还有"你要母兼父职,好好照顾小孩"的训诲。

这些人的出发点当然是关心,但对处于情绪低潮的她,却造成重大的伤害。后来她看到"来人",就害怕起来。"我最需要的,是沉默的体谅,但却没有人给我。"

很多时候,我们需要的不是说教和指导,而是轻轻的拥抱、默默的支持、深情的眼神。需要心的体会,而不是嘴上的感叹。也就是说,真正的移情是从内心深处站到他人的立场上去,要像感受自己一样去感受他人。

跳出心理定势,用新眼光看待对方

我们每个人都要不断努力,不断进步,提升自己。你这样,别人也一样会如此做。所以,用新眼光去看待我们身边的每一个人,你会发现很多让人意想不到的美丽。

两个小矮人哼哼和唧唧在迷宫中生活。

每天一大早,他们就起床,穿上运动鞋,跑出家门在迷宫里寻找可口的奶酪。迷宫中的路线非常复杂,经常让人迷路,有时他们能找到一些美味,有时却什么也找不到。可是他们还是快乐而勤劳地在迷宫中寻找好吃的奶酪。

直到有一天,他们发现了一个特大奶酪站,里面堆满了各式各样的新鲜奶酪。自此以后,哼哼和唧唧就沿着特定路线来这里大吃。每天如此,开心快乐。

然而,突然有一天,当他们再次来到这里时,所有的奶酪都没影了。他们吃惊,愤怒,苦恼。

哼哼认为奶酪就在这里的某个地方,迟早会出现的,他还是每天都来到这里等着奶酪的出现,饿得自己虚弱不堪;而唧唧在经过了一番害怕和

第5章 跳出偏见心理怪圈

犹豫之后，决定作出改变，重新出发，寻找新的奶酪，一路探索，辛苦尝试，最终他找到了另一个堆满奶酪的大站。

这就是心理定势和超越心理定势的不同所致。心理定势是指人们按照已有的经验和认识去处理现在的问题。它会束缚我们的思维，让我们墨守成规。一旦条件改变，而我们不能作出改变，就要像哼哼一样饿肚子。

定的反面是变，定势的反面就是改变。作出改变，改变自己，突破自己，超越自己。因为变化总是在发生的，我们必须尽快适应变化，越早放弃旧的奶酪，就会越早享用新的奶酪。享受变化，尝试去冒险，去享受新奶酪的美味。

现在我们来做个试验。把4只苍蝇和4只蜜蜂装进一个玻璃瓶中，然后将瓶子平放，使瓶底朝着窗户。

结果：蜜蜂不停地往瓶底飞，试图找到出口，直到力竭而亡；而苍蝇则在不到3分钟的时间里，却从另一端的瓶颈逃脱。

蜜蜂基于出口就在光亮处的定势，不停地重复这个合乎逻辑的错误。而苍蝇则没有这种知识经验的束缚，不断尝试新的方向，终于走出囚室。

不管是人还是动物，我们都会受到心理定势的影响，用以往的经验、认识或者惯性来解决当前的困境。

一次，一艘远洋海轮不幸触礁，沉没在汪洋大海里，幸存下来的9位船员拼死登上一座孤岛，才得以幸存下来。

但接下来的情形更加糟糕，岛上除了石头，还是石头，没有任何可以用来充饥的东西，更为要命的是，在烈日的曝晒下，每个人都很渴，水成为最珍贵的东西。

尽管四周是水——海水，可谁都知道，海水又苦又涩又咸，根本不能用来解渴。现在，9个人唯一的生存希望是老天爷下雨或别的过往船只发现他们。

他们等啊等，没有任何下雨的迹象，天际除了海水还是一望无边的海水，没有任何船只经过这个死一般寂静的岛。渐渐地，8个生存的船员支撑不下去了，他们纷纷渴死在孤岛上。

当最后一位船员快要渴死的时候，他实在忍受不住扑进了海水里，"咕嘟咕嘟"地喝了一肚子。船员喝完海水，一点儿感觉不出海水的苦涩味，相反觉得这海水又甘又甜，非常解渴。他想：也许这是自己渴死前的幻觉吧。便静静地躺在岛上，等着死神的降临。

他睡了一觉，醒来后发现自己还活着，船员非常奇怪，于是他每天靠喝这岛边的海水度日，终于等来了救援的船只。

人们化验这水发现，这儿由于有地下泉水的不断翻涌，所以海水实际上全是可口的泉水。

谁都知道"海水是咸的""根本不能饮用"，这是基本"常识"。因此，7名船员被渴死了。正是所谓的经验——这种心理定势害死了他们。也正是由于敢于突破心理定势，才有了最后的生存和成功的希望。

在人际交往中，心理定势就是指人们在认知活动中用"老眼光"——已有的知识经验来看待当前问题的一种心理反应倾向，也叫做思维定式或心向。

一个曾经犯过盗窃罪的小偷，不管出狱后做什么，你看他都觉得他是个小偷，一旦丢了东西，首先想到肯定是他偷的。

一个大学英语四级考了3遍才过，六级总也考不过的人，多年以后你仍然认为他是个英语学不好的人。

须知"士别三日，当刮目相看"。

三国时期，吴国大将吕蒙，在周瑜死后，继任都督，击败蜀国大将关

第5章 跳出偏见心理怪圈

羽，为夺取荆州立下了大功。

吕蒙本是个武将，不读书，没有什么学识。鲁肃认为他只有勇力，是一介武夫，很是轻视他。后来，当鲁肃再次见到他时，看到他和以前完全不同了，谈起军事问题，很有见地，非常惊异。鲁肃感叹地说："我一向认为老弟只有武略，时至今日，老弟学识出众，确非吴下阿蒙了。"吕蒙说："士别三日，但更刮目相看。"

永远不要以老眼光去看待别人，每个人都在不断地变化中，甚至变化很大。我们每个人都要不断努力，不断进步，提升自己。你这样，别人也一样会如此做。所以，打开心门，用新眼光去看待我们身边的每一个人，你会发现很多让人意想不到的美丽。

正如赫拉克利特斯所说："所有事物都是流动的。"每一件事物都在不停地变化、移动，没有任何事物是静止不变的，因此我们不可能"在同一条河流中涉水两次"。当我们第二次涉水时，不论是我们还是河流都已经与以前不同了。

人也是如此，每个人都在不断地变化中，只要有时间和空间的存在，不论是我、你还是他都与以前不同。

一个"坏孩子""问题少年""不良少年"不会总是往坏的、不良的、有问题的方向发展。一个曾经一事无成的人，也许会干出一番大事业来。一个曾经学习不好的学生，很可能在下次考试中就考出让你意想不到的好成绩。

有一个公司决定任用一个曾被劳教过的工人当分厂的厂长。这事在公司内掀起轩然大波。原来，公司经理在调查这个分厂时发现，这个分厂的工人平均每人每天组装电镀表10～16只，而这个曾被劳教过的工人任组长的小组平均组装水平是40～50只。公司经理顶住压力，任用了这个曾有劣迹的人。

他走马上任后,整个分厂的平均组装水平很快达到每人每天40只。有的人不服气:"劳改犯也能当厂长,别人都可以当厂长了。"公司经理理直气壮地反驳:"你能把组装水平从10只提高40只吗?不要用一成不变的眼光看人!"

我们要尊重每一个人,不因他的富贵权势而卑躬屈膝、阿谀奉承,也不因他的卑微穷困而歧视他、瞧不起他,甚至给人难堪。须知富豪也会变乞丐,小人物也终有出头日。

我们要平心对待身边的每一个人,不断发现他们的改变,用新眼光去看待他们。

领悟刻板效应,用心看待每一个人

我们总认为老年人是保守的,年轻人是易冲动的。"80后"不懂做人做事、没有责任感、不爱国,"90后"不用正经文字语言说话、自私。事实却并非如此。

我们常听说,"天上九头鸟,地下湖北佬","湖南妹子不可交,面如桃花心似刀","重庆辣妹"等,这些都是人们在不进行具体分析的情况下,以偏概全,人云亦云,加上媒体的炒作,在头脑中所形成的刻板印象。

第5章 跳出偏见心理怪圈

刻板印象是指人们头脑中存在的，关于某一类人的固定形象。俗话说："一棍子打死一群人"，就是它的典型表现。

比如，我们总认为老年人是保守的，年轻人是易冲动的。"80后"是不懂做人做事、没有责任感、不爱国的，"90后"是不用正经文字语言说话的、自私的，商人是尖酸刻薄、狡诈精明的，等等。但事实却并非如此。

前苏联心理学家曾做过这样一个经典的实验。

将一个人的照片分别给两组被试者看，照片的特征是眼睛深陷，下巴外翘。分别向两组被试介绍照片上的这个人的情况。对甲组说，这是一个罪犯，对乙组说，这是一位著名学者。然后让两组分别对此人的照片特征进行评价。

结果显示，甲组被试者认为：深陷的双眼表明他凶狠、狡诈，内心充满仇恨，下巴外翘证明他顽固不化的性格。乙组被试者认为：深陷的双眼表明此人思想的深度，下巴外翘表明此人具有探索真理的顽强精神。

对同一个照片的面部特征所作出的评价为何有如此大的差异？

我们在认知一个人的时候，很容易根据自己头脑中已经存在的与此人相联系的某一类人的固定印象来对其进行判断。

把他当罪犯来看时，自然就把他眼睛和下巴的特征归类为凶狠、狡猾、顽固不化，而把他当成学者来看时，就会认为是思想的深邃和意志的坚忍。

在日常生活中，我们的眼睛和头脑的联合作用往往导致我们出现错误的认知判断。

我们总是习惯于把人进行机械的归类，把某个具体的人看成是某类人的典型代表，把对某类人的评价看做是对某个人的评价，甚至会根据一些不是十分真实的间接资料来对并未接触过的人进行刻板评价，因而影响了正确的判断。这是一种非常普遍的偏见。

实际上，北方人不见得都豪爽，南方人也不见得都"精明"。河南人不都是骗子，湖北人也不都是九头鸟，湖南人并不都是飞车党，东北人更不都是头脑简单的野蛮汉。山西人并不见得都喜欢吃醋，山东人不见得都喜欢吃大葱。重庆女孩并不都很泼辣，湖南妹子也不见得就是面如桃花心似刀。内蒙古人不见得都善于骑马，天津人也不都是爱"逗你玩儿"。

"人以类聚，物以群分"，居住在同一地区、从事同一种职业、从属于同一种族或同一年龄层的人总会有一些共同的特征，从某种程度上来看刻板效应有一定的道理。

但是，它毕竟是一种概括、抽象而笼统的看法，不能代替每一个活生生的个体，容易导致以偏概全，以一斑窥全豹的失误，进而导致人际交往的失败。

它通常不是以直接经验或者事实材料为依据，而仅仅单纯地凭借一时的偏见或者道听途说、人云亦云而形成，通常与事实并不相符，甚至有时是完全错误的。

它常常造成我们的认知偏差和偏见，影响我们的判断，欺骗我们的思维，导致我们不能客观公正地评价具体的个人。

恩莫德·巴尔克曾警告人类："以少数几个不受欢迎的人为例来看待一个种族，这种以偏概全的做法是极其危险的。"

在今天，对人采取以偏概全的做法，一棍子打死一群人，同样也是极具危险的，我们应该避免这种做法。

每一个人都是一个完整的生命体，都是独一无二的。世界上不会有两个完全相同的人，每一个人都有着独特的人生经历，相异的个性特征以及

第5章 跳出偏见心理怪圈

独立玄妙的内心世界。

别让刻板效应蒙蔽了我们的眼睛，用心看待每一个人。

 利用投射心理，洞悉他的心境

把自己的想法投射到他人身上，是多么可笑，其实人家未必像你想象得那样。

一天晚上，在漆黑偏僻的公路上，一个年轻人的汽车抛了锚——汽车轮胎爆炸了。

年轻人下来翻遍了工具箱，也没有找到千斤顶。怎么办？这条路半天都不会有车子经过。他远远望见一座亮灯的房子，决定去那户人家借千斤顶。可是他又有许多担心，在路上，他不停地想：

"要是没有人来开门怎么办？""要是没有千斤顶怎么办？""要是那家伙有千斤顶，却不肯借给我，该怎么办？"

顺着这种思路想下去，他越想越生气。当他走到那间房子前，敲开门，主人一出来，他冲着人家吼了一句："去你的吧，你那千斤顶有什么稀罕的！"

主人一下子被弄得丈二和尚摸不着头脑，以为来的是个精神病人，就"砰"地一声把门关上了。

把自己的想法投射到他人身上，是多么的可笑，其实人家未必像你想象得那样。在心理学上,那种把自己的某些心理特点加给对方的现象,叫做投射,也就是我们平常所说的"以己之心,度人之腹"。

投射心理是指以己度人,认为自己具有某种特性,他人也一定会有与自己相同的特性,把自己的感情、意志、特性投射到他人身上并强加于人的一种心理倾向。

可你不是别人,别人不是你,你怎知别人与你有同样的感受、想法和意愿,别人又怎知你是如此这般所想?

《庄子》里面有一个著名的"濠梁之辩"的故事:

庄子和惠子在濠水桥上游玩。庄子说:"鱼儿自由自在地游来游去,这是鱼的快乐呀。"

惠子说:"你不是鱼,怎么知道鱼的快乐?"

庄子说:"你不是我,怎么知道我不知道鱼的快乐?"

惠子说:"我不是你,固然不知道你知道不知道鱼的快乐,但是你也不是鱼,你不知道鱼的快乐,却是可以确定的。"

正是由于投射心理的存在,我们就可以从一个人对别人的看法中,推测出这个人的真心意图和心境。

宋代著名词人苏东坡和得道高僧佛印是多年好友。

一天,苏东坡去拜访佛印,两人相对而坐,谈论佛法诗词,甚是欢畅。席间,苏东坡对佛印开玩笑说:"我看见你是一堆狗屎。"佛印笑道:"我看你是一尊金佛。"

苏东坡非常得意,以为自己这次终于占了佛印的便宜。于是回家后就迫不及待地向妹妹炫耀此事。

苏小妹说:"哥哥,你错了。佛家说'佛心自现',你看别人是什么,就表明你看自己是什么。"

第5章 跳出偏见心理怪圈

　　如果一个人经常疑心别人打他小报告，我们就可以推断出此人心里有鬼，而且很可能他就是个背地里打小报告的人。如果一个人总觉得别人在骗他，别人心怀不轨、居心不良，我们就可以推断出他是个心地阴暗、撒谎骗人的人。如果一个人看待别人都是好人，什么事都往好处想，那他就是个好心、乐观、善良的人。

　　《吕氏春秋》中有这样一则故事。

　　宋国有一个农夫，在自己的田地里拾到了一块宝玉，如获至宝。就赶紧把这宝玉呈送给当时的大贤——子罕，请他赏光笑纳。

　　子罕看了后，并不收这份厚礼，并说："在你眼里，这个宝玉是至宝，但是在我眼里，不收取非分的财物才是至宝。"

　　宋国的父老乡亲很不理解子罕的这种做法，于是就有人去请教一位智者，智者答："人各有志，每个人都是不同的。如果你拿面饼和金钱让小孩子选择，他会选择面饼；如果你拿和氏璧和金银让俗人选择，俗人会选金银；如果你拿和氏璧与至理名言让贤人子罕选择，则他会选择做人做事的至理名言。"

　　正如智者所说，我们可以从他选择的是什么"东西"中，推测出他的真诚心意和心境。如果他选择金银，我们就知道他爱好钱财，与他交往，只要让他有钱财的收益，他就乐意为你做事，与你成为朋友。如果他喜欢美女，我们就知道他是个好色之人，与之交往，让他享受到美色的快乐，就能让他欢心，成为你的朋友。如果他选择做人做事的至理名言，那他就如子罕般，是位大贤。

　　每个人的成长背景、生活环境、受教育程度、人生经历都各不相同，人生观、价值观、对事物的看法、处理问题的方法、看待世间万物的角度都是独特的。别人不可能和自己的所思所想完全一样。因此，我们在日常的人际交往中，要看到这些差异，尊重这些不同，利用普遍存在的投射心理，揣测出他人的真心意图和心境。

摘掉光环，警惕晕轮效应

要知道世界上没有完美的人，有优点并不意味着就是完人，有缺点也不意味着一无是处。可爱的优点和讨厌的缺点，很可能在一个人身上并存。

你是不是喜欢听某个明星唱歌，就喜欢他？觉得他这也好，那也好，样样好，越看越喜欢？

你是不是会因为看了某个电影或电视剧，喜欢里面的某个角色，而喜欢他的一切，不管他参加什么其他节目，你都喜欢？喜欢他整个人？

这种现象就是心理学上的晕轮效应，也叫光环效应。晕轮效应是指人们对他人的认知，像日晕一样，由一个中心点逐步向外扩散成越来越大的圆圈，是一种在某一突出特征影响下所产生的以点带面、以偏概全的社会心理效应。

一个人如果被称赞，他就会被一种积极肯定的光环所笼罩，并且被赋予其他一切好的品质。如果一个人被标明是坏的，他就会被一种消极否定的光环所笼罩，并且被认为具有其他一切坏的品质。

这就是所谓的"一好百好，一差百差""情人眼里出西施"、"看你顺眼越看越顺眼，看你不顺眼越看越不顺眼"。

第5章 跳出偏见心理怪圈

对于晕轮效应，心理学家戴恩做过一个实验。

让参与者看一些照片，照片上的人有的很有魅力，有的是中等一般魅力，有的则没有魅力。看过照片后，戴恩要求参与者对照片中的对象进行魅力评定。

结果表明，参与者对有魅力的人比对无魅力的人赋予了更多积极方面的、好的、理想的人格特征，如友善、和蔼、沉着、好交际等。

这种晕轮效应不但表现在以貌取人上，还常常表现在初次与人交往时，以他人的穿着打扮、言谈举止、气度风格等来推断他的身份地位、才能、品德、性格等。在对不太熟悉的人进行评价时，这种效应体现得尤为明显。

我们在日常的人际交往中，可能会因为个人的喜好而对他人有所偏见或偏爱，但是我们一定要提醒自己全面观察对方，绝不能看见美女帅哥就晕了头。

一个明星或歌星，他的可爱之处主要在于他戏演得好，歌唱得好，或在于他的勤奋、坚强、沉稳、勇敢、执著、孝心、爱心等一些个人品质的魅力，或在于他的帅气、靓丽。

而他们的"粉丝"，却把他们当成是无所不能、没有缺点的完人来崇拜。他们在演唱会上尖声叫喊，如醉如痴，为得一个签名排几个小时的队，这个可以理解，甚至可以支持，因为这体现了年轻人的激情，他们喜欢什么，爱什么，就去大胆地做什么，无可厚非。但是把偶像的某些突出优点推及到其他一切，认为偶像方方面面都是完美的，这就有失偏颇。

在日常的人际交往中，有些人看起来慈眉善目，温文尔雅，彬彬有礼，待人和善。我们常常会喜欢这样的人，认为这样的人必定善良、友好，有涵养、有层次、有水平，是一个值得结交的好朋友，是一个优秀的合作伙伴。然而事实未必如此，一些伪君子、骗子，表面一套背地一套的小人常常最具伪装性和迷惑性。

我们往往会因为他们的一些表面的突出的"优点"而忽略或者看不到他们的真实缺点，导致上当受骗，最终捶胸顿足，大发感叹："我怎么会相信这个混蛋！"

为克服晕轮效应，我们应该养成客观全面地看待他人的习惯。

要知道世界上没有完美的人，有优点并不意味着就是完人，有缺点也不意味着一无是处。可爱的优点和讨厌的缺点，很可能在一个人身上并存。

第6章

[心理学与交友之道]
[争取让你的名字排在朋友圈里第一位]

在人际交往中,只是尊重他人的个性还是不够的,我们还必须尝试着去了解他人的个性,并学会与不同个性的人交往。每个人都有独特的个性,有的个性是受人欢迎的,有的个性是令人厌恶的。根据不同的个性采用不同的交际方法,是使人际关系良好发展的关键。

做任何事情都离不开人情

在平常的日子里,对一个正直的行为送去一个可信的眼神或者伸出自己的双手都会是极大的鼓舞,这一眼神就是正义的强大动力。对一种新颖的见解能够报以一阵热烈的赞同的掌声,这掌声就是巨大的精神支持。

钱钟书先生曾经有一段时间困居上海孤岛写《围城》,这段时间里他生活很窘迫。当时是他的夫人杨绛操持家务,正所谓"卷袖围裙为口忙"。那时他还不是非常有名,他的学术文稿没人买,于是他开始写小说,创作小说的动机里就多少掺进了挣钱养家的成分。

他一天500字的精工细作,速度虽然不是很快,却又绝对不是商业性的写作速度。就在这个时候,黄佐临导演拍摄上演了杨绛的四幕喜剧《称心如意》和五幕喜剧《弄假成真》,并及时支付了酬金,这就像一场及时雨,使得钱家渡过了难关。时隔多年后,黄佐临导演的女儿黄蜀芹之所以独得钱钟书信任,得到钱先生的许可拍摄电视连续剧《围城》,实际上是因为她拿着老爸的一封亲笔信的缘故。

钱钟书是一个有情有义之人,别人为他做了事帮助过他,他一辈子都不会忘记。

要想人爱己,己须先爱人。如果你时时刻刻存有乐善好施、成人之美的心思,就能为自己多储存一些人情的债权。这就如同养成"储蓄"的好

第6章 心理学与交友之道

习惯,这不仅仅能够让你自己受益,甚至会让你的子孙后代受益,正所谓"前世修来的福分"。黄佐临导演在当时可能没有想得那么远、那么功利化,但多年后的事实却给了他作为好施之人一个不小的回报。

那么,究竟怎样去结得人情,并无金科玉律可循。

对于一个身处窘迫境地的穷人,你的一枚铜板的帮助就会使他握着这枚铜板忍受极度的饥饿和困苦,或许还能奋发图强干一番事业,开创出属于自己的富有的天下。

对于一个放荡不羁的浪子,你的一次促膝交心的帮助可能会使他建立做人的尊严和自信,或许能够使他在悬崖前勒马,随后奔驰于希望的原野,最终成为一名威武的勇士。

就算在平常的日子里,对一个正直的行为送去一个可信的眼神或者伸出自己的双手都会是极大的支持,这一眼神无形中可能就是正义的强大动力。对一种新颖的见解能够报以一阵热烈的掌声,这阵掌声可能就是对革新思想的巨大支持。

对一个陌生人一次小小的帮助,可能会使那个陌生人突然感悟到善良的难得和真情的可贵。说不定当他再次看到有人遇到难处时,他会很快从自己曾经被人帮助的回忆中汲取勇气,并伸出自己援助之手。

人情好比存款,不能滥用。人们常说,好钢要用在刀刃上,人情也是这样,能够帮助你的人或者能够使你得到保护的人是有限的,要好好珍惜。

"人情世故"总是夹杂着真诚与虚伪的成分。虽然它是一种形式,但却是维系人与人之间关系必不可少的。因此,除非离群索居、遗世独立,否则任何人都无法摆脱"人情世故"的纠缠。也许你不喜欢这种形式上的东西,但既然身处社会,此事就万万不能疏忽。

人情世故虽然不一定能为你立即带来多少好处,但多施恩泽、助人为乐,即使你是一个穷人,没有多少的资源,但有时无意随手帮的忙,都有可能在今后的日子里得到回报。

要想为自己创造一个良好的生存环境,就必须把功夫下在平时,所以在平时,你就要注意多聚人情。因为人情就像银行存款一样,你存得越多,可领出来的钱就越多;存得越少,可运用的资源就越少。福泽深厚的人总是有贵人相助,并不总是运气好。你越是乐于助人,解人之困于危难,在危急的时候就会有越多的人来帮助你渡过难关。所谓"人助者天助",就是这个道理。

有些人喜欢用"人情"来办事,以显示自己的人脉之广,以此来炫耀自己。但要知道"人情"是有限的,你若和别人只是泛泛之交,你能要他帮的忙就很有限,因为他没有义务和责任帮你的忙。

如果你一次又一次地要他帮你的忙,结果可能是你们之间的感情开始转淡,接着别人对你避之不及;要么就是别人认为你这个人不通人情世故,那么有可能进一步发展的情份就此中断了。这就是因为你的人情存款太少了。

要好好把握友谊的亲密度,不可太浅,也不可太过,否则只会适得其反。好朋友见面和交往的机会当然比其他人要多得多,可是任何事都有个"度",超越了这个界限,你得到的就是相反的结果。

所以请朋友帮忙时要注意:首先,弄清楚你和对方的情份如何,再决定是不是找他帮忙;其次,是即使对方曾经欠你情,你也不可抱着讨人情的心态去要求对方帮忙,因为这有可能引起对方的不快,特别是喜欢斤斤计较的朋友,你们交情再深,也不可轻易找他帮忙;最后,人情要有适度的回馈,也就是要懂得"还人情"。

初次见面如何缩短距离

初次见到曾帮过自己的人时，不妨当面讲出，既向对方表示了谢意，无形中也加深了两人的感情。

初次见面，交际双方都希望尽快消除生疏感，缩短相互间的感情距离，建立融洽的关系，同时给对方一个良好的印象。那么，怎样才能通过交谈较好地做到这一点呢？

1.通过亲戚、老乡关系来拉近距离

由于亲戚、老乡这类较为亲密的关系会给人一种温馨的感觉，使交际双方易于建立信任感。特别是突然得知面前的陌生人与自己有某种关系，更有一种惊喜的感觉。故而，若得知与对方有这类关系，寒暄之后，不妨直接讲出，这样很容易拉近两人的距离，使人一见如故。现在许多大学里，都存在一些老乡会、联谊会等组织，这些老乡会、联谊会就是通过老乡关系把同一地方的学生召集在一块，组织起来。同时也通过老乡会来相互帮助、联络感情、加强交流。

从人的心理上来讲，每个人的潜意识中都有一种"排他性"，对自己的或跟自己有关的事物往往不自觉地表现出更多的兴趣和热情，对与自己无关的则有一定的排斥。因而，在交谈中将这类关系点出，就使对方意识到两人其实很"近"。这样，无论对方地位在你之上或你之下，都能较好地形成坦诚相谈的气氛，可以打通初次见面由于生疏而造成的心理上的"防线"。

2.以感谢的方式来加强感情

有一位同学在跟一个高年级学生接触时的头一句话就是:"开学时就是你帮我安置床铺的。""是吗?"那个高年级同学惊喜地说。接着两人的话题就打开了,气氛顿时也热烈了许多。那个高年级同学的确帮过许多人,不过开学初人多事杂,他也记不得了。而这个新来的同学则恰到好处地点出了这些,给对方很大的惊喜,也使两人的关系拉近了一层。一般来说,每个人都对自己无意识中给别人很大的帮助感到高兴,见面时若能不失时机地点出,无疑能引起对方的极大兴趣。因此,初次见到曾帮过自己的人时,不妨当面讲出,一方面向对方表示了谢意,另一方面无形中也加深了两人的感情。

3.从对方的外貌谈起

每个人都对自己的相貌或多或少地感兴趣,恰当地从外貌谈起就是一种很不错的交际方式。有个善于交际的朋友在认识一个不喜言谈的新朋友时,很巧妙地把话题引向这个新朋友的相貌上。"你太像我的一个表兄了,刚才差点把你当做他,你们俩都高个头、白净脸,有一种沉稳之气……穿的衣服也太像了,深蓝色的西服……我真有点分不出你们俩了。""真的?"这个新朋友闪着惊喜的眼神。当然,他们的话匣子都打开了。我们不得不佩服这个朋友谈话的灵活性。他把对方和自己表兄并提,无形中就缩短了两人之间的距离,接着在叙说两人相貌时,又巧妙地给对方以很大的赞扬,因而使这个不喜言谈的新朋友也动了心,愿意与其倾心交谈。

4.剖析对方的名字来引起对方的兴趣

名字不仅是一种代号,在很大程度上是一个人的象征。初次见面时能说出对方的名字已经不错了,若再对对方的名字进行恰当的剖析,就更上

第6章 心理学与交友之道

一层楼。譬如一个叫"建瓴"的朋友,你可以谐音地称道:"高屋建瓴,顺江而下,攻无不克,战无不胜,可谓意味深远呀!"对一位叫"细生"的朋友,可随口吟出"随风潜入夜,润物细无声",或者用一种算命者的口吻剖析其姓名,引出大富大贵、前途无量之类的话,这也未尝不可。总之,适当地围绕对方的姓名来称道对方,不失为一种好方法。

和朋友们相约在快乐的大道上

真正的朋友,当你走投无路的时候,能够给你有力的鼓励,而当你趾高气扬的时候,也敢于为你"浇冷水"。

俗话说:"在家靠父母,出外靠朋友。"此话说得很好,出门在外,没有几个能够托付身心的朋友,人生岂不太孤独无援了?培根说:"缺乏真正的朋友,乃是最纯粹、最可怜的孤独。"的确,没有友谊,没有关心,没有爱的人生是不幸的。

在现代社会,"相交喻于利",人际关系越来越建立在各自利益的基础上,而那种互相勉励、互相帮助,患难与共的兄弟般的情谊已日渐稀少。这或许正是现代人生活富有却十分孤芳自赏的原因所在吧。

有一位在外企工作的职业经理人谈到友谊时曾说:"我真希望为自己找一个知心朋友,我有不少生意场上的朋友,但无一是可称得上知己的,我感到十分孤单。偶尔心血来潮,毫无缘由地打电话,结果仅仅是问个好，谈天说地的事从来没有过——根本就没有这样的对象。"没有朋友，没有友谊，结果陷在孤单的漩涡中。这真是现代人的悲哀。

敞开友谊之门吧，很多时候，我们抱怨孤独，抱怨没有真正的朋友。其实，是我们自己先把自我封闭在一个狭窄的世界里了，假如你不先伸出友谊的手，却希望人家来握你的手，何异于想"在沙漠里抓鱼"呢？敞开你的心扉，主动结交一些真正的朋友。当你孤独时，当你烦恼时，不妨打个电话给朋友，不妨邀朋友一块散散步，或是共进晚餐，或者亲自去看望一下久违的朋友……做完这一切后，或许你会突然发现：有个朋友真好！和别人不能说的话，和朋友却可以说；有了困难，还是朋友鼎力相助；自己卧病在床，是朋友手捧鲜花前来探望……友谊使我们领略到了生命的意义。

对于友谊，我们应认清什么是真正的朋友。在交友时，应多交益友，而不应与唯利是图的小人或酒肉之徒结为朋友。建立在金钱关系上的朋友不可靠，人之相知，贵在知心，正所谓"浇花浇根，交友交心"。真正的朋友，当你走投无路的时候，能够给你有力的鼓励，而当你趾高气扬的时候，也敢于为你"浇冷水"；真正的朋友，是不会张口就是友谊，闭口就是义气的，他们不会向你提什么要求，却会在你困难时挺身而出。爱因斯坦说："世间最美好的东西，莫过于有几个头脑和人品都很正直的朋友。"与有见识的朋友结交，与敢进直言的朋友结交，实乃是人生的一大幸事。交友能达到这种境界，你就可以慨叹"人生得一知己足矣"了！

庄子云："君子之交淡如水，小人之交甘若醴，君子淡以亲，小人甘以绝。"貌似淡如清水的友谊，其实是最忠诚可靠。这样的友谊，真正地恰似陈年老酒了，身处其中，你会越品越浓，越品越香，越品越快乐！

第6章 心理学与交友之道

友情投资，宜走长线

做人做事，不可急功近利。友谊之花，须经年累月培养。

善于放长线钓大鱼的人，看到大鱼上钩之后，总是不急着收线扬竿，把鱼甩到岸上。因为这样做，到头来不仅可能抓不到鱼，还可能把钓竿折断。

他会按捺下心头的喜悦，不慌不忙地收几下线，慢慢地把鱼拉近岸边；一旦大鱼挣扎，便又放松钓线，让鱼游窜几下，再又慢慢收钩。如此一收一弛，等到大鱼筋疲力尽、无力挣扎时，才将它拉近岸边，用提网兜拽上岸。

求人也是一样，如果逼得太紧，别人反而会一口回绝你的请求。只有耐心等待，才会有成功的喜讯。

有一位小公司的老板靠承包那些大电器公司的工程谋生，起初他的日子也过得很是困难。但后来在一位高人的指点下，这位穷老板很快掌握了制胜的秘诀。与一般企业家的不同之处是：他不仅奉承公司要人，对年轻的职员也殷勤款待。

谁都知道，这位穷老板并非无的放矢。

事前，他总是想方设法将电器公司中各员工的学历、人际关系、工作能力和业绩，作一次全面的调查和了解，认为这个人大有可为，以后会成为公司的要员时，不管他有多年轻，都会尽心款待。这位穷老板这样做的目的是为了日后获得更多的利益作准备。

这位穷老板明白，十个欠他人情债的人当中总会有几个能给他带来意想不到的收益。他现在做的"亏本"生意，日后会利滚利地收回。

所以，当自己所看中的某位年轻职员晋升为科长时隔不久，他会立即跑上去庆祝，并送上礼物。同时还邀请他到高级餐馆用餐。年轻的科长很少去过这类场所，因此对他的这种盛情款待自然倍加感动，心想：我从前从未给过这位老板什么好处，并且现在还没有掌握重大交易的决策权，这位老板真是位大好人！无形之中，这位年轻科长自然产生了感恩图报的意识。

正在受宠若惊之际，这位老板却说："我们公司能有今天，完全是靠贵公司的抬举，因此，我向你这位优秀的职员表示谢意，也是应该的。"这样说的用意是不想让这位职员有太大的心理负担。

这样，当有朝一日这些职员晋升至处长、经理等要职时，他们还会记着这位老板的恩惠。因此，在生意竞争十分激烈的时期，许多承包商倒闭的倒闭，破产的破产，而这位老板的公司开得越来越火，究其原因就是由于他平常关系投资多的结果。

综观这位穷老板的"放长线"的手段，确有他"老姜"的"辣味"。从中也可看出，求人交友要有长远眼光，尽量少做临时抱佛脚的买卖，而要注重有目标的长期感情投资。同时，放长线，钓大鱼，必须慧眼识英雄，才不至于将心血枉费在那些中看不中用的庸才身上，以免日后收不回成本。

第6章 心理学与交友之道

 搞好关系要循序渐进

在社会上生存，就要与人交往，把握好与人交往的尺度才能在社会中如鱼得水，为办好事情做好铺垫。

"一回生，二回熟，三回才全熟"正是最高的与人相处的指导原则；保持平静的、持续的接触，这样拓展出来的关系才是可以信赖的。

小林参加一个社交聚会，交换了一大堆名片，握了无数次手，也搞不清楚到底谁是谁。

几天后他接到一个电话，原来是几天前见过面的，也交换过名片的"朋友"，因为那位"朋友"的名片设计特殊，让他印象深刻，所以才记住了他。

这位"朋友"也没什么特别目的，只是和他东拉西扯，好像两人已经很熟了那样。小林不太高兴，因为他跟那个人没有业务关系，而且也只见了一次面，他就这样打电话来聊天，让他有种被侵犯的感觉，而且也不知和他聊什么好。

在现代社会中，这种情形会经常出现，以这位小林的"朋友"来看，他有可能对他的印象颇佳，有想和他交朋友，所以主动出击，另外也有可能是为了业务利益而先行。然而他却触犯了交往中的忌讳——操之过急。

拓展人际关系是名利场上的必然作为，但在社会上有一交友法则还需注意，这样才能达到预期的效果，而不致弄巧成拙。

这个法则就是"一回生,二回熟,三回才全熟",而不是人们常说的"一回生,二回熟"!"一回生,二回熟"还太快了些,"一回生,二回半生不熟,三回才全熟"则是渐进的,而且是长期的、在对方不知不觉中进行的。

之所以要坚持"一回生,二回半生不熟,三回才全熟"的原则,原因如下:

(1)人都有戒心,这是很自然的反应。如果想一回生,二回就要"熟",对方对你采取的绝对是关上大门的自卫姿态,甚至认为你居心不良,因而拒绝你的接近。名人、富人或有权势之人,更是如此。但聪明者会不动声色留点"手腕"。

(2)每个人都有"自我",你若一回生,二回熟,必定会采取过于积极主动的态度,以求得尽快接近对方,也许对方会很快感受到你的热情,也给你热情的回应,可是大部分人都会有自我受到压迫的感觉,因为他还没准备好和你"熟",他只是痛苦地应付你罢了,很可能第三回就拒绝和你见面了。

"一回生,二回熟"的缺点还不止上面提的两点。因为你急于接近对方,所以很容易在不了解对方的情形下以自己作为话题的中心,来持续两人交谈的热度,这无疑是在暴露自己,若对方不是善类,你岂不是自投罗网?如此说来,做人还是要留一手,办事时多点心眼,以赢得更多朋友和保护自己。

第6章 心理学与交友之道

 攀高结贵,不卑不亢

尊贵者是人们平等的交际对象,也是一种自然的交往关系,人们一方面要尊重对方,另一方面也要立足于自己,守住分寸,保持本色,对于自然而正常的交往,不必拘谨。如果你能做到这一点,这反倒能显示你的交际魅力,反而会赢得对方的认可和尊重,尊贵者还会乐于与你发展友情。

人的学识、修养、经历、地位不同,因而有平常与尊贵之分。这是人际关系的层次差别,也是一种自然秩序。尊贵者是相对的概念,每个人都是尊贵者,同时又有自己的遵从对象。交往对象不同,人们的位置会随之而变化。尊贵者虽然与别人不属同交往类别,有着一定的沟通障碍,但人们却可以打破障碍与之正常交往,甚至发展友情。那么,怎样与尊贵者发展友情呢?

1.尊重对方,严谨有致

与尊贵者发展友情,首先要准确把握双方关系,给其以相应位置,充分表现出对他的尊重和恭敬。这是对双方关系的确认和定位,也是对对方的一种希望被尊重愿望的满足,必须严谨有致,不可苟且。小许很得一位行署教委领导的赏识。这位领导是老师出身,也很平易近人。他与小许并未谋面,但他赞赏小许的才华,便约请小许与他聊聊。小许在领导面前并没有得意忘形、忘乎所以,言谈举止都严谨得宜,很有分寸,注重距离。领导虽性情开朗,多次表示要小许要随意些,但还是对小许的举动发自内心的高兴,他觉得自己没有看错人。就这样,小许与那位领导逐步建立了很深的友情。

2.切忌奉承，不卑不亢

尊重是有原则、见真情的。如果不顾原则，另有目的，人格沦丧，不知廉耻，对尊贵者就会表现出阿谀奉承来。这表面上似是尊重对方，其实它与尊重是有着本质的不同的。阿谀奉承，虚情假意，夸大其词，别有用心，只能让尊贵者反感、厌恶直至痛恨。本来可以建立友情，但因双方失去真情而无法发展下去。当然也不能排除个别尊贵者好大喜功，乐于听奉承话、看媚态的。但这样的尊贵者你还有必要与他发展友情吗？

3.态度自然，不必拘谨

尊贵者无论地位还是阅历、学识，都高一般人一等。与他们交往，往往会令你肃然起敬，有时你还会有一种威压感而在尊贵者面前噤若寒蝉。作为一个平常人，尤其是未见过世面的青年人，在这种情势下你往往会显得动作拘谨，言语嗫嚅，特别别扭、生硬。其实，尊贵者也是人们平等的交际对象，也是一种自然的交往关系，人们一方面要尊重对方，另一方面也要立足于自己，守住分寸，保持本色，对于自然而正常的交往，不必拘谨。如果你能做到这一点，这反倒能显示你的交际魅力，反而会赢得对方的认可和尊重，尊贵者还会乐于与你发展友情。小斌是一个有才华追求上进的青年人，他很想与一些德高望重的前辈交往，可最终结果都是以失败告终。究其原因，主要是小斌太拘谨了，一副窝窝囊囊、畏畏缩缩的样子，让前辈们大失所望，怎会与他发展友情呢？

4.巧托会配，不可狂妄

从交往的过程来说，尊贵者是交际的主角，而你则是配角，处于次要地位。这是交际现状，也是交际规律，是由彼此交往的身份和交际能量决定的。你要积极支持尊贵者，热情配合对方，鞍前马后，服从需要，听候调遣。这是合乎交际现实的，不仅不会损害自己的"身价"，而且会取得尊贵者的信任。而如不能摆正这层关系，不恰当地显示自己的能耐，卖弄自己的"才华"，以致背弃、排挤尊贵者，这往往会适得其反。小灿总希望展露才华让一位他最敬重的老人认可他。一次老人在晚会上唱京剧，虽然唱得不算好，但还是赢得了掌声，小灿又想，自己亮亮嗓子必会让老人有知音之感。于是一曲京剧唱得嘹亮高亢，虽然小灿是好意，但还是让老人在台下感到很不自然。如此不识时宜地展示自己，老人怎会与他发展友情呢？

5.主动真诚，作出姿态

尊贵者的行为是要与自己的身份、地位保持一致的，他们一般不会主动与他人交往。而作为平常人，身份地位比他低，自然要主动积极，充满真诚，先迈出一步，作出友好的姿态。这是尊敬长者的美德，也是交际的惯例。小文在一次会议上认识了一位很有成就的作家，他十分珍惜这层关系，可他是个平常的人，又是小字辈，当然不太容易让作家注意到他。但小文视为自然，更没有赌气，他每逢节日必寄贺卡给这位作家。终于作家记住了小文，并与他有了不寻常的友情。

6.求助求教，接受呵护

尊贵者是力量的象征，在他面前，别人总是显得很弱小稚嫩，所以要接受并求得他的呵护。一则，这是你与尊贵者交往所寻求和迫切需要得到的东西；二则，作为尊贵者，他也会从中获得施与和扶持之乐，是一种自我价值的实现。但寻找呵护一要尊重尊贵者的意愿，二要适度得宜，不可仰仗、依附于尊贵者。这包括恰当的求助及一定程度上的求教。这会获得尊贵者的认可，并圆满获取他的友情。小刚对本校一位知名教师十分敬重，主动拜他为师，经常请教一些问题，以求得帮助和扶持。由于小刚尊重他的作息习惯和癖好秉性,所以每次请教都会有所收获。而在这一次次的请教中,那位教师也对小刚产生了浓厚兴趣,并逐渐与他产生了很深的友情。

让陌生人和你有共同的利益

在交友做生意的过程中,如果让对方知道你和他有着共同的利益,双方必须结成利益同盟,才能取得共同的利益,事情也就好办多了。

交友办事,如果让对方觉得他与你有相同的利益,对方办事就会更主动,就会收到更好的效果。这就好比战场上同一个战壕的战友一样,战友之间有着相同的利益,共生死同存亡,每一个人都要勇敢地去战斗,才能取得共同的胜利。

做生意也是如此,合作双方在沟通与合作上,只要让对方感觉到你与他有相同的利益关系,往往可以迅速地拉近彼此之间的距离,使对方努力去做。这一技巧如果应用得好,往往会获得意想不到的好效果。

有一家工厂效益不是太好,工人们的工资很低,当工人们要求增加工资时,老板就对他们说:"各位,你们希望公司倒闭吗?"当然没人希望自己的工厂倒闭,如果倒闭了,就会失业,连眼前的低工资都拿不到了。

老板继续说:"如果工厂倒闭了,大家一分钱工资也拿不到了,我也不希望工厂倒闭。我与你们有着共同的利益。工厂倒闭对你我都没有好处。如

第6章 心理学与交友之道

今我们团结一致,共同渡过难关,工厂办好了,大家才会有饭吃。"

工人们听了老板的话,感觉到老板与自己有着共同的利益关系,觉得工厂办好了,老板发财了,自己工资收入就会提高。结果这些工人齐心协力,个个努力工作,果真把工厂搞得有声有色,老板和工人们都实现了自己的愿望。

和陌生人交往也是如此,只要让对方感觉到你与他的利益是一致的,就会主动去帮助你,为你提供支持。

第7章

[**幸福男女心理学**]

[多一点用心，多一点动心]

在学生时代，找女生借铅笔、借笔记、求她帮你补习功课的男生，比起借给她东西、帮她补习功课的男生，女生更容易爱上找她借铅笔的那个穷小子。这就是本杰明·富兰克林效应：让别人喜欢你的最好方法不是去帮助他们，而是让他们来帮助你。

心理学研究发现：妻子的容颜，与丈夫的性格和他对妻子的态度紧密相关。心胸宽广，不轻易发脾气的丈夫能够包容迁就妻子，使妻子享受充分的自由。妻子的皮肤更加光滑细腻，不易衰老，经常容光焕发。

留出空白,让交往更深入彼此的心

双方交往中,更要适当地留出空白、空隙,像取暖的刺猬一样,彼此过于亲近,就会互相刺伤,要保持一个亲密度,留点缝隙,让新鲜的空气自由出入。

心理学家认为,人的心理有这样的特点:在感知世界的时候,如果感知对象不完整,便会自然运用联想,在头脑中,对不完整的感知对象进行补充,直至完整。

奇妙的是,人们对经过联想去"补充"的感知对象,会产生更强烈的心理触动,不仅印象深刻,而且更容易记住。这种现象是由空白效应所致的。

空白效应给我们的启示是,在人际交往过程中,要善于留白。

针对某些问题,不妨先放一放,停一停,给对方一些自省的空间和时间,让他自己去体会、去醒悟。

在和人交往中,有时"无声"会比"有声"具有更大的影响力量,这也是空白效应的表现之一。

有位高中生在她的作文里写过一段话:

"一次,我和同学聚会去了,午夜零点才带醉而归。回来的时间超过了父母给我规定的时间,而且还喝了那么多酒,让爸妈很生气。妈妈开门的时候就劈头盖脸地训斥了我一顿,说:'你赶紧向父亲道个歉。'顿

第7章 幸福男女心理学

时，我一下子清醒了，感到大祸临头。我本以为严肃的父亲会狠狠批评我、训斥我，没想到父亲面色凝重，眼神复杂地盯着我看了几秒钟，然后拖着沉重的步伐离去。

那时我的心由紧张害怕变成了愧疚和感激，我爱爸爸妈妈，觉得太对不起他们了。这种自责的心理让我后来再没发生类似的事情。如果当初父亲狠狠地批评我一顿，即使说得对，出于自尊心，也会使我出现逆反和排斥心理。而这无言的感情传递却比一箩筐的批评效果更好！"

在生活中，和亲密的人相处，也要注意适当地留白。

比如夫妻之间，如果相互之间没有距离，把对方看得太紧，恐怕只会起到适得其反的效果，对感情的发展不利。相反，如果给对方一定的空间，彼此保留一定的神秘感，那点空白会使两人更有走近的欲望。

当双方的矛盾或者分歧就要一触即发，当对方瞬间就要大发雷霆的时候，不妨用沉默或者其他如喝杯茶，吃个饭之类的转移注意力的方式，来暂时避开对方的锋芒，同时也让自己冷静下来。通常这样更有利于双方最终问题的理性、和平解决。

双方交往中，更要适当地留出空白、空隙，像取暖的刺猬一样，彼此过于亲近，就会互相刺伤，要保持一个亲密度，留点缝隙，让新鲜灵动的空气自由出入。

须知，当你越是握紧手中的沙子，它们流失得越快，所剩无几；当你平坦着双掌捧着它们时，它们却乖乖地躺在你的掌心，不愿离去。

善解爱人的心意

在这个世界上,至少五个人如此爱你,他们甚至愿意为你去死。

每个夜晚,有人在睡前想到你。

对某人来说你意味着整个世界。

若非为了你,某人可能不会还活着。

某人说:你是特别的、独一无二的。

某人,你甚至不知道其存在,爱着你。

有位聪明可爱的女士在和一位男士约会时,在男士请客购买电影票后主动买了美味的冷饮请男士品尝。这一举动赢得了男士的心。冷饮虽小,但透过一丝惬意的清凉感觉,男士感受到的是女孩聪明、体贴及善解人意的一面。这样的女孩谁不爱呢?

我们每个人都期望要找一个完美的另一半,但事实证明,最后真正能找到幸福的永远是那些能善解人意、经得起时间考验的人,他不一定很美丽或富有,甚至很普通。

作为女人,千万不要忽视了道德分量,因为它是做人的根本。从小的地方做起吧,要找寻幸福生活,你要是不漂亮,那你要有气质。你要是没气质,那你要有温柔。你要是不温柔,那你得善解人意。

男人喜欢什么样的女人,这也许是女人们私下里最热衷的话题了。一般女人认为,男人们喜欢的女人应该是漂亮、洁净、温柔、贤惠。但是,在男人心中最渴望的是善解人意的女人。

第7章 幸福男女心理学

善解人意的女人是对人生已经有了一定的领悟。她知道躺在身边的这个男人虽然是她今生今世的至亲至爱，但作为一个个体的男人，他那颗心在属于她的同时，更多的还是属于他自己；她知道，对于男人来说，外面的世界的确比家里要大得多；她还知道这个男人对她很爱恋，但男人的事业还是胜过爱情。因此，善解人意的女人无论在什么时候都不会把男人当成私有财产，要男人对自己言听计从，不会在男人忙于工作时抱怨男人不顾家，也不会要求男人时时刻刻牵挂着自己。善解人意的女人知道好的男人就像是在高空中盘旋的鹰，只有当这鹰很累了想要休息的时候，才会回到女人身边，才会想起享受他的爱慕。

善解人意的女人知道男人既很刚强又很脆弱，而且，有的男人是把荣誉和脸皮看得比生命还重的。因此，善解人意的女人知道在男人的精神世界里有哪些禁区，她总是很小心地不去跨入那些禁区。假如有一天，夫妻因某种事情吵架了，善解人意的女人绝不会和男人斗气斗勇，绝不会像泼妇一样把男人打得像只斗败的公鸡。

男人们多数都是极具理性的，他们会对善解人意的女人心存感激。

不动声色"耍诡计"

正值豆蔻年华的女孩怎可以没人爱？都说"恋爱中的女孩最美丽"，要想将自己美丽的潜质更充分地挖掘出来，恋爱绝对是一剂良药！但是真正的爱情可不是那么容易就能得到的，现实的爱情往往错综复杂。那个榆木疙瘩、铁石心肠的，却怎么也领会不到你的心意，因为女孩的天性矜持，你也有所顾虑，难以启齿。

爱之深则思之切，你爱他，但是不知道怎样表达你的心意；你想他，但是不知道他是否同样想着你，彷徨、期待、矛盾，难道你可以做的只有等待？答案无疑是否定的，聪明的女孩对待爱情，也一样张弛有度、伸缩自如。当她爱上一个人的时候，不会食不甘味、睡不安寝；她不会让这件事占据大脑的全部位置；她更不会蠢到拿着一枝玫瑰花一边撕着花瓣一边反复叨念：他爱我，他不爱我……

这样做，无疑只会让你的思念更重，爱意更深，却丝毫于事无补。要知道，爱情是要讲计策的，不能因为丘比特的缺席而耽误爱情大计。

聪明的女孩不是完美的女孩，但一定是最快乐的女孩。那么，从现在开始让自己做一个聪明的女孩，在爱情中掌握快乐的秘诀，充分利用手中的资源，将自己认准的"Mr Right"（如意郎君）一举拿下吧！

下面一些爱情小计策可以参考。

1.知己知彼，百战不殆

古人打仗，讲究知己知彼，唯有知己知彼，了解到对手的弱点，才能从此弱点为引爆点，从而一举将其突破。恋爱，也是同样的道理：熟知他有什么不为人知的癖好、他有什么未了的心愿，然后就很简单了，咱就可以像守株待兔中的那位先人一样，立根桩子，就等这傻男人自己撞过来了。"投其所好"是爱情中最常用的手段，但是也最实用，冬天来了，他经常冻得缩脖子，给他扎条围巾，暖暖他的心，再瞧他的眼睛里是不是尽是你的影子了？

2.拉开距离，保持神秘

大凡男人，都有猎奇心理，你只有让他对你产生了浓厚的兴趣，他才会想要接近你。但是，这里有一个度的问题，若是你冷若冰霜给了他拒人于千里之外的感觉，那么便适得其反，达不到预期的效果了。好比有雾的天，如果能见度太低，人们大多会选择等雾消散而不是冒雾强行，要是雾气只是一层透明的纱，人们就会自信满满、心情愉悦地在雾中穿行，这样在行进过程中会有隐匿的快感和大获全胜的成就感。

3.欲先取之，必先予之

恋爱时，多是男人主动，然后女人有了反应，于是双双坠入爱河，在爱河里畅游尽欢。但是男人不主动，女人就该自己想点儿办法了，总不能坐等好男人成为她人夫吧？那么就作出点事情给他看吧，对他好点儿，而且刻意地表现出来，哪怕你什么都不说，每天给他递杯水，请他吃根棒棒糖，有什么好事都给他预留一份，不消两三天，再蠢的男人也知道你的心意了，这时，你的春光灿烂的好日子就来到了。

4.若即若离，欲擒故纵

聪明的女孩一定要将这个招数学会，这的确是让他对你着迷的最好方式。他搞不懂你在想什么，你就像雾里的水仙花一样，越有阻力，越有障碍，他就越想进一步接近你、了解你，然后爱上你，这其实便是顺应了男人的征服欲，聪明的女孩绝不能轻易将自己交出去，给他点儿难度，满足他的成就感，这也能转换为他对你的忠诚度。

 识破男人的"花言巧语"

男人的花言巧语当然是说给女孩听的，免疫力不强的女孩，被男人一通告白就能感动得稀里哗啦，立即要一生相报，这真是愚蠢至极的傻女孩。聪明女孩就要提高自己对男人花言巧语的免疫力，这样才能笑傲情场，做最后的笑美人，气死那些居心不良的臭男人！

男人的花言巧语分两个阶段：一个是毫不经世的新鲜人阶段；一个是久经沙场的老练客阶段。

男生的花言巧语多是在20岁前，一场初恋，"惊心动魄"的爱语表白，于是轻易把一个感情空白的笨女孩给唬住了，大有以一生相赠的冲动。说白了，那些天荒地老，磐石不移的"佳话"纯粹是一场作秀，两个人都要死，爱情哪里能够永生？你说爱情的精神永生，这大概也只有你自己相信，精神是什么东西？从没有人见过。爱便是爱，要实实在在，凡是那些没有踩着地面说话的男人，他的未来都是一种未知，他怎么能给你一种已知的承诺？

最可恶的莫过于那些玩弄感情的男人，他们久经情场，手法老到，他们深知女人的脾性和心理需要，他们可谓将花言巧语发挥得淋漓尽致，即便冰雪聪明的女孩也被他"忽悠"得心动不已，于是坦然地向他伸出了手。殊不知，一伸手，已然中招。等到美女得手，他也玩弄得够了的时候，这些臭男人还会作出"楚楚可怜"的恶心面孔，说"我爱你，可是我们不能在一起，我们还是分手吧"，真是无耻卑劣之极。

第7章 幸福男女心理学

男人就是这样一种目的性的动物。他就像一个天生猎手，为了将猎物捕到手中，于是"机关"用尽，世上的漂亮话就是他们说出来的。"曾经有一段真挚的爱情放在我的面前，我没有珍惜。直到失去后我才追悔莫急。如果上天再给我一次机会的话，我一定会对那个女孩说三个字——我爱你。如果一定要给这个承诺加上一个期限的话，我希望是——一万年。"多么经典的爱情表白，实在是男人"花言巧语"中的极品，事实上无数的男人已经拿这句话作QQ签名向心仪的女孩表达了！试问哪个女孩听了这样的话不心动呢？

为什么男人的花言巧语总能得逞？男人的话说得实在漂亮是一个原因，女人的爱听漂亮话更是一大原因。这就好比周瑜跟黄盖，一个打的愿意，一个挨得欢喜。很多女孩不仅不理解男人的这种禀性，甚至还把男人的花言巧语当做真理的标准，这是何傻之有？恋爱前迷情，恋爱后清醒，或是婚前骄傲，婚后自卑，这是不明就里的女人常犯的错误。

女孩一定要聪明，将男人的花言巧语各个击破，才能使自己免于伤害。现实是多么残酷，带着伤口生活，一生都会很累。聪明女孩要活得轻松，就必须识破男人的谎言，去结交一个好男人，才能拥有好命运。

男人多在什么时候埋下"花言巧语"的陷阱呢？大概有三个阶段是他下套的时机：追求阶段，猎取阶段，猎后阶段。下面一一分析，恋爱中的女孩一定要看仔细：

1.男人在追求阶段花言巧语

"我只喜欢你，你是我生命里的唯一""如果没有你，生命还有什么意义""拥有你，我今生别无他求""这一生我只牵你的手，因为有你已经足够"……

这些话，女孩大概都不陌生，男人说出这种话，要么是无意的表达，要么就是有意的作秀。毫无女性经验的男人可能是真心，而对那些经验老到的男人就须当心。听到类似的话，男人的真诚并不可知，不要从这些话来找证明，要从"人"里找说法，人好便是好，人差，这种"花言巧语"只是用来骗你的手段而已。

2.男人在猎取阶段的花言巧语

"你知道什么是爱吗？爱是责任，我是一个男人，我会对你负责任""直白地说，你很漂亮，可是这并不是我爱你的原因，我更爱的是你的心"……

男人在追求女人遭遇阻力，多会采取两种办法，要么直接表白，要么欲擒故纵。一般男人都会采取直接表白的方式，而出色的男人则会采取欲擒故纵的聪明策略。

男人的直白到底是否诚恳，说实话很难辨别，要凭理性的感觉，而且说这个话的男人首先要对你有足够的了解，他才可能对你认真，如果你们相识不过三天，他就向你大吐爱意，那么这"爱意"多半含着水分。

懂得欲擒故纵的男人一般都很自信，他能不卑不亢从女孩在意的教养上打动女孩，这也是那些让女孩着迷的"坏男人"常用的"伎俩"。

3.男人在目的达到后的花言巧语

"每天打电话并不标志着爱，不打电话也不能说明不爱。爱是相互的感觉，这点我心里有数""爱情当然很重要，但不是最重要。要是我真的天天和你厮守，却天天饿肚子，你愿意吗？"……

当然，生活中也未见得所有说这种话的男人都是出于对女人采取的手段，但有一点，只有在他不断用行动示爱的情况下，才能证明他对你更深的爱心。

第7章 幸福男女心理学

软硬兼施，让"猎物"无处可逃

对于女人，幸福并不只是一场王子与公主小鸟依人的浪漫故事，也不是天天做河东狮吼状就能简单地把一切掌控在自己手中。

聪明的女人都有一种明谋暗算、软硬兼施的天分，而只有这样才能让聪明女人的这种天分发挥到极致。这样的女人，出门时一定会将浓密的卷发梳理整齐，挎着GUCCI包包，再用LANCOME将自己描绘得精致分明，形象绝对是一丝不苟的娇艳。与人交谈，总是频频点头，微笑着看着对方的眼睛。个性而又动听的手机和弦铃声响起时，会礼貌地跟对方说抱歉。

"软硬兼施"的女人还很善于挖掘潜力。何以"软硬兼施"的女人更加容易掌握幸福？因为她们知道从细节之处表现自己的冰雪聪慧，她们知道如何恰如其分地运用女人的小手腕，当然，她们自然会得到比别人多一点点的幸福。

要想使得自己的"猎物"无处可逃，首先要"软硬兼施"。因为永远不会发脾气的女人就如同一杯白开水——解渴，却无味。但男人都喜欢温柔的女人，一味地只是发脾气，就是冰块儿了。男人有很多应酬，不得意的时候很多，要面子时候更不少。你记住他的生日，男人会知道回报。但如果你忘记他的生日，他向你发脾气，是因为他对你有所期待，他并不会要求一个陌生人记住他的生日。女人还要学会为爱松绑，若即若离，扯不断的风筝，因为女人对身边的男人有所要求，有所期望，所以常常会失望、失落。

"二八佳人体似酥,腰间仗剑斩愚夫。虽然不见人头落,暗里叫君骨髓枯。"这出自《金瓶梅》的警世恒言的意思是说,别看漂亮女人玉体柔软如酥,但她的腰间却好像带着一把杀人的斧头。一句话,男人们,别贪恋女色,她会勾人性命,致人于死地。然而,历史上那些可怜的男人们明知如此,却仍然对女色趋之若鹜,乐此不疲。因此使得那些有才有识的女子们不得不使用旷世绝招,来阻止丈夫的出轨。

对于这样的情况,如果是现代女子可能做法会有很大的不同,但是,古代不少女子对此却采取了强硬的办法。唐朝宰相房玄龄的夫人卢氏就是一个很好的例子。房玄龄晚年时,唐太宗多次赐美人于他,但总是被房玄龄拒绝。唐太宗便让长孙皇后劝说房玄龄的夫人卢氏。卢氏回说:"妾宁妒而死!"听此言,唐太宗便派人给卢氏送去一坛酒,说:"你若如此坚决,那就把这鸩酒喝了。"卢氏果真宁愿喝鸩酒也不愿有其他女人和她分享房玄龄,让唐太宗无奈地说:"我尚畏见,何况于玄龄"。

古代的女子常常因为要与他人分享爱人而受到很多的痛苦,但是很少有软硬兼施来掌控自己的命运的。不过,管道升是这方面一个典型的成功例子。

元朝至元二十四年,书法家赵孟頫娶了浙江吴兴美女管道升。管道升不仅貌美如花,还写得一手好诗词和画得一手好字画。但依然没把赵孟頫牢牢拴在自己身边,赵孟頫另觅新欢了。可见,古代女子一直处于被动挨打的位置,没有真正考虑过如何才能掌控住丈夫。

管道升为了感动丈夫,并没有哭也没有闹,只是写了几句诗:"夫君去日竹初栽,竹子成林君未来。玉貌一衰难再好,不如花落又花开"。《论语》虽说:"诗可以兴。"即可以感动人心。但真要此方法能感动得"负心汉"回头的并不多。当然,一招不行可以再来一招,据明代蒋一葵《尧山堂外纪》中记载，管道升曾作了一首非常著名的《我侬词》，答对即将纳妾的丈夫："你侬我侬，忒煞情多。情多处，热似火。把一块泥，捻你一个，塑我一个。将咱两个，一齐打破，用水调和。再捏一个你，再塑一个我。我泥中有你，你泥中有我。与你生同一个衾，死同一个椁。"

当然，古代并不是所有女子都有此般铁腕手段，每当打不动，骂不灵时，古代女子往往硬的不行来软的。"花在时，人在势"，天下没有不老的貂禅，不死的西施，所以丈夫是否出轨，主要还在于他自己，女人使用的是何种招数，皆治标不治本。

很实在的一句老生常谈："改变能改变的，接受不能改变的。"男人只要爱自己，肯在家里守着，就知足地快乐，就像快乐的小鸟一样相夫教子，去收拾家务吧。如果有了比较多的闲暇时间，那就去看看书，看看电视，做做健身，不要觉得这样不快乐，既然做家庭型女人是你理想的生活，那就把这些都当成幸福。难道不是幸福吗？算是对上一条的补充：把为自己的男人创造一个让他觉得舒适的能让他在家里随心所欲地生活的环境，当成你最大的成功和快乐。把被男人主宰自己的生活看作幸福，而不是把主宰男人的生活看成幸福。如果你当初选择这个男人，是因为这个男人身上有男人味，哪怕这种男人味会有这样那样的缺憾。

做个知足的女人，做个能给男人空间能让男人爱自己又能让男人快乐的女人，软硬兼施，让"猎物"无处可逃，你就会是一个最幸福的女人。

柔弱是你的制胜法宝

心理学上说，女人大多数只对有安全感的男人发脾气。因为在那个安全度之内，你潜意识知道对方不会离开你，胡闹有时候是一种依赖的表现。

太阳慢慢地躲到了山后面，微风出来了，天气变得凉爽起来。小区的林荫道上，慢慢地走过来一对老人。他们每天都牵着一条白色的"贵妇"小狗出来散步。

那天，老太太牵着小狗走在前面，老先生拿着一件衣服跟在后面。一会儿，老先生走到老太太跟前，跟她说了句什么，老太太把头扭了过去，好像很生气的样子，继续往前走。

过了一会儿，老先生又走到老太太身边，又说了句什么。老太太把嘴巴撅得老高，开始跺起脚来，老先生把衣服披在她身上，也被她甩开了。

老太太撒起娇来，像个孩子，还挺可爱的。一会儿，老太太把脸侧向一边，微微一笑，但笑得很谨慎，生怕被身边的老先生发现。然后，当她把脸转过去的时候，她又回复了紧绷的神情。

那偷偷的一笑，证明了她是幸福的。

撒娇是一种情趣，更是一种智慧，是女人与爱人对话的一门艺术。其弦外之音是"你要让着我、宠着我"。即使有少许耍赖的成分在里面，男人们也会心甘情愿地听从差遣。

温柔是一种无形的力量。温柔的力量在于不知不觉之间，有着"润物细无声"的效果。

有一天，英国女王伊丽莎白与丈夫闹别扭。丈夫很生气，关门不出。

第7章 幸福男女心理学

很久后，女王怕丈夫在里面闷坏，心疼地叫他开门，说："快开门，我是女王。"对方硬是不开门。

于是，女王很礼貌地说："我是伊丽莎白，请开门。"丈夫还是没有理睬他。

女王灵机一动，温存地说："亲爱的，开门，我是你的妻子！"整天生活在女王影子下的丈夫，受压抑很久，听到如此温柔的话，如浴春风，叫他如何不开门。"进来吧！夫人！"于是，他眉开眼笑地开门迎妻。

这个故事未必是真实的，听起来却很有道理。一个女人无论在外面表现得多么的精明能干，在家庭中，她便要充当一个温柔妻子的身份。

温柔，是一种善良。一个温柔的女人，会为路边的流浪小狗暗自流泪，她的善举能感染身边的每一个人。她待人彬彬有礼，从不骄傲自大。之所以说柔弱的女人是幸福的，是因为身边的例子太多了。

女孩佳佳其貌不扬，爱打扮自己，不爱做家务，却极富撒娇之能事，男友比她小一岁，却身材魁梧，英俊潇洒。相貌平平的她却常常把她的男人哄得团团转，做完家务还能心悦诚服地为她捶腿。

这让思想保守的母亲一直觉得难以理解。在家好吃懒做的女儿，居然还能降住男人，真是不可思议！"你说她长得漂亮吧，可也不算漂亮呀！"母亲经常嘀咕。殊不知，懒人自有懒人的福气。

"去把碗洗了！""把电脑关掉！""跟你说了多少次了，要把柜门关紧！"她们总是用最直接的方法处理问题，用生硬的口气命令男人，而忽略了男人的心理感受，即使男人听从了她的吩咐，心里也不一定是情愿的。

而有"福气"的女人就懂得如何驾驭男人，采取一些迂回手段，让男人心服口服地听命于自己。

她们支使起男人来，易如反掌，"亲爱的，你去把碗洗一下，好吗？我明天做更好吃的给你补身子！"必要的时候配上丰富的肢体语言，她的目的达到了，气氛仍然融洽。

会撒娇的女人，让男人身上有使不完的劲儿。反过来，如果妻子直眉瞪眼，对男人河东狮吼："还不赶紧去做饭？我也一样上班，凭什么让我伺候你！"一场家庭战争在所难免。

当撒娇变成女人对男人感情的释放，男人会在此时领略到被爱的自我价值而获得高度的心理满足，从而使夫妻间的亲密升华到一个更深的层次。

因此，未有此种体验的女人，不妨收起冷漠的面孔，撒一撒娇，千万不要觉得不好意思，因为撒娇也是女人的一种智慧。

说到底，撒娇，其实也是一种温柔！

女孩处世交友妙方多样，刚柔相济之法是其中重要的一种。风华正茂的姐妹们，当你们受"爱情攻击"而又不想过早涉入"爱河"时，请灵活运用你们的"刚"与"柔"，用你们"柔"的心灵、"柔"的微笑、"柔"的语言，和你们"刚"的自主意识、适时的"刚"的态度，使你的举止"柔"中有"刚"，"刚"中融"柔"，这样，既不伤害你与男士之间的友情，又能使友谊长驻，更会使你魅力无穷。

自以为是的人，常会被盲目自信所困，所以以刚克刚是他们小聪明的表现。真正的强者常善于以柔克刚，此可谓真智慧！

有句俗语叫"四两拨千斤"，讲的正是以柔克刚的道理。俗话说："百人百心，百人百性。"有的人性格内向，有的人性格外向，有的人性格柔和，有的人则性格刚烈，各有特点，又各有利弊。然而综观历史，我们不难发现，往往刚烈之人容易被柔和之人征服利用。为人处世更需要善于以柔克刚。

一块巨石如果落在一堆棉花上，则会被棉花轻轻地包在里面。以刚克刚，两败俱伤；以柔克刚，则马到成功。

在《红楼梦》中，贾宝玉说"女人是水做的"。水做的女人，应该有水一样的温柔。女人在恋爱时表现出来的温柔，有一份朦胧、一份羞涩、一份浪漫，时刻诱惑着对方；在婚姻中表现出来的温柔，则有一份母性、一份责任、一份温暖，时刻让对方牵挂。

大凡刚烈之人，其情绪颇好激动，情绪激动则很容易使人缺乏理智，仅凭一股冲动去做或不做某些事情，这便是刚烈人的特点，恰恰也是其致命的弱点。

俗话说："牵牛要牵牛鼻子，打蛇要打七寸处。"应以己之长，克其之短，对待刚烈之人如果以硬碰硬，势必会使双方都失去理智，头脑发热，做事不计后果，最终，各有损伤，事情也必然闹砸。过犹不及，悔之晚矣。

倘若以柔和之姿去面对刚烈火暴之人，则会是另一番局面，恰似细雨之于烈火，烈火熊熊，细雨丝丝，虽说不能当即将火扑灭，却有效控制住了火势，并一点点地将火灭去。但若暴雨一阵，火灭去，又添洪水泛滥之灾，一浪刚平又起一浪，得不偿失。女人，请谨记，柔弱是你的制胜法宝。

柔声细语征服男人心

如果你生气了，请在面对爱人之前先照照镜子，看看自己，你喜欢现在这张脸吗？

女人征服男人的因素很多，有美貌，有身材，有学识，有气质。但是，其中最重要的就是声音。声音对男人尤为致命，声声入耳，防不胜防。这些声音的特点就是要有女人味，要有点暧昧。

男人纵然是钢筋铁骨，听到了女人的柔声细语，就会心甘情愿地陷落自己的城池，醉倒在女人温柔的声音里。20世纪四五十年代，银幕上的玛丽·黛德丽与劳伦·巴考尔的低沉沙哑、果断又婉转的语调，让男人们爱恨交加、魂不守舍，一时成为女士们争相模仿的对象。

不幸的是，有许多女人并不知道温柔是女性特有的力量，也不知道温柔是一种可以克刚的武器，她们害怕失去自己在男人心目中的地位，为了维护这种地位，她们常常抛弃温柔，对男人颐指气使，显示出女性最粗糙的一面。殊不知，回归到自然和柔美的声音，才是穿透男人的一件看不见的利器。

有很多男人本身就是非常迷恋女人的声音的，他们对女人的声音记忆特别深刻，深刻到可以穿透灵魂。很多历经沧桑的男人在记忆深处都有一个女人的声音，这个声音可以让他在自己最隐秘的思绪中细细咀嚼。

李晓磊在一家杂志社上班，坐在他对面的是一个女孩，长得算不上漂亮，皮肤有点黑，眼睛也不大，但很文静。尽管李晓磊抬头就能看到她，

第7章 幸福男女心理学

但是说话并不多。

午休的时候，同事们经常凑在一起聊天，她有时也会参与其中，说得不多，却总是一脸认真。李晓磊则坐在一旁，有时说上三言两语，品评人物与时事，以及一些文学作品，每次都发现她很小心地听，眼睛盯着他，那眼神似乎有点复杂，说不清，但李晓磊确定她有一点儿崇拜他，这让他有点暗自高兴。

有一天下班了，她怯生生地向李晓磊借一本书，声音细细的，柔柔的，李晓磊心想她的声音真好听，像音乐一样……正想着，忽然又听她说："是不太方便吗？要不就算了。"听到这儿，李晓磊才回过神来，忙答应道："没有什么不方便，我早就看完了，明天给你拿来。"她如释重负。

后来，李晓磊离开了杂志社，忙着为自己的工作打拼，渐渐地疏忽了那个曾经坐在他对面的女孩。他们用电子邮件聊了几次，偶尔也打个电话。

再后来，李晓磊去了北京。一个人无聊时，会想起给她打个电话，打到家里，常常是她家人接的，不一会儿，就能听到她跑过来接电话，气喘吁吁的。他责怪她道："干嘛跑那么急，先喘喘气再说。"

她柔声道："没什么，怕你多等。"李晓磊的心就像被什么撞了一下，他很喜欢听她说话，她的声音很柔和，流露着一股温顺。

渐渐地，他们通电话和电子邮件的次数越来越多，却一直没有再见面。春节的时候，李晓磊回家过年，在一天傍晚约她见面，那时距他离开杂志社已有一年半。重新坐到一起，他给她讲在北京的见闻，她也给他讲他离开以后杂志社的变化。李晓磊发现自己其实是喜欢她的，尤其喜欢看她羞涩的样子。但是他想自己也只是喜欢她而已，还谈不上爱，于是什么都没说。

直到北京闹"非典"，她发短信给他，让他多多注意。李晓磊骗她说:"太晚了,我已感染,被隔离了。"信息刚发出去,手机就响了,李晓磊拿起手机,听到她急切地问:"真的吗?你怎么样了?"李晓磊笑着说:"骗你的,我没事,挺好的。"她在那边一句话不说,李晓磊向她道歉,其实,李晓磊知道她是关心自己的。

当北京疫情越来越严重的时候,李晓磊回了老家,到家的时候,发短信给她,说他回来了。她惊喜得声音都变了:"你真的回来了!我要见你!"李晓磊犹豫了一下,答应了。那时候,各地把"非典"之可怕传得耸人听闻,他刚从北京回来,除了家人,所有人对他都避而不见。

见面时,李晓磊问她:"你不怕我身上有病菌传染你?"她柔声道:"怕。但你回来了,我想见你。"李晓磊心里很感动,他明白她的心思。他们并肩散步,过马路的时候,忽然来了一辆车,他揽过她的肩,把她让到了另一边。她只是看了看他,没有说话,但她的眼神里多了一丝甜蜜和喜悦。

然后,李晓磊大胆地牵了她的手,她要挣脱,但是李晓磊抓得更紧了。她的手很小,很软,很温,李晓磊就这样一直拉着她的手,再没有松开,直到她嫁给他,成为他的妻子。"柔情似水,佳期如梦。"多么令人迷醉。

对男人来说,温柔是酒,只饮一滴,就可回味一生。你温柔的细语就是维护婚姻最有力的武器,就像一只纤纤细手,只是轻轻一扶,再强悍的男人也会被征服的。

能攫取男人心的都是细语柔声、甜言蜜语的声音。最受男人欢迎的女人的声音是温顺、轻柔的声音。聪明女人会在悦耳的声音中注入精彩的人性,让声音形成迷人的风景。这样的声音是最有力的,它能够熔化男人的钢筋铁骨。

第7章 幸福男女心理学

保留一点神秘感

有事情是要说出来的，不要等着对方去领悟，因为对方不是你，不知道你想要什么，等到最后只能是伤心和失望，尤其是感情。

有这样一个故事。印度有一座寺院，院小和尚也少，寺院不卖门票，游客自由出入，刚建成时人满为患。但时过境迁，游客越来越少，香火越来越弱，其清冷凋敝之状自是不难想见。寺内和尚们大多另谋高就去了，只剩一和尚看家护院。无奈之下，该和尚只好锁门谢客，无所事事。但时间一久，竟有人不断地扒在门缝上往里窥探，而且人数越来越多。该和尚并非呆头之鹅，乃搬了一把椅子坐于山门之前，谁欲一瞧，必须孔方兄伺候。此招不但没把那些偷窥者吓退，反而队伍排得越来越长。后来寺里又引进一"半语者"（说话只说半句）和尚，寻吉问凶者皆由其接待。再后来，民间传说这位和尚道行颇深，话极灵验。于是，寺院始终呈闭门谢客状，但香火旺盛得足以令那些古刹名寺的住持们羡慕得吐血。

美国著名电台主持人谢里在她风靡全美的畅销书《坏女人有人娶》一书中总结，女人在男人面前保持魅力的秘诀就是：只给一点，即刻收回；再给一点；再收回。这就有点像小孩子们在学校玩的追人游戏，你就是那个被追的，如果你老是配合他，他就懒得追你了，如果你总在跑，他总跟着你。即使你们结了婚，每当他对你不来电时，就要想方设法给他的电池充足电。有一部美剧中，一个结婚20年都很幸福的女人对付丈夫有一绝招,每当他有点自鸣得意、漠不关心时,她就独自收拾行装去旅行,临走时总会扔下一句让丈夫回味良久的话:"亲爱的,我要走了。至于为什么?呵呵,这是我的秘密!"

神秘感之所以能够成为爱情的源泉,是因为人都有好奇心。对自己不甚了解或根本不了解的东西,都怀有一种非把它搞个清楚不可的冲动。比如,前面如果走着一个身材苗条、穿着得体、优雅大方的女人,大多数男人都会本能地认定她的脸蛋肯定也是漂亮的。于是必然就立马产生一种赶到前面看个究竟的冲动。这就是神秘感带来的威力。一旦搞清楚了,神秘感就立刻消失了。下面就是一个这样的例子。

吕女士从第一次恋爱开始,就有这种思想:"古典好女孩"是不能轻易和男孩子交往;与男孩子交往中的言谈举止必须保持典雅、温柔的风范;一旦和男孩子建立了亲密的关系,她就必须始终不渝地去爱这个男孩,希望缔结终身姻缘。

吕女士为了实现这种与时代发展相悖离的传统观念要求,她时常在很短的时间内就将自己的情感完全付出。她可以为男友做任何事情,诸如做晚餐招待他,买一些时尚的礼品送给他,请他看电影,品咖啡,甚至替他安排日常生活的作息。

一些与她"拍拖"过的男孩,起初被她的热烈的情感所感动,都还是想与她好下去,可是,一次约会之后,正当他们准备对她发起追求攻势时,吕女士却表现出迫不及待的阵势,以致将自己的情感付出太多。可想而知,男孩们此时的兴趣很快消失得无影无踪,对她兴味索然,一个个都逃得远远的。

吕女士很是苦恼,后来一位密友向她点破了其中的秘密。吕女士终于明白了她以前的作为,在男孩的眼中是几乎和落翅的凤凰没两样。后来,

第7章 幸福男女心理学

吕女士也有了应付男性的经验。

此后，再有男友邀请吕女士外出游玩，吕女士就告诉他，自己很想去，可惜先有其他约会。吕女士的这种作法，大大刺激了男友对她的兴趣。以前对她不屑一顾的男孩，发觉她竟然成了男孩子们的众星之月，纷纷献殷勤取悦她。

总之，女人的神秘感对男人是一种吸引力，令男人神魂颠倒。为了满足自己的好奇心，男人们会乐此不疲地去探索和发现神秘女人的秘密。而且，在男人眼里，具有神秘感的女人难以驾驭，更富有挑战性。男人为了能最终征服和陪伴她们，赴汤蹈火也在所不惜。

心理学中有一种升值规律，即越是得不到的东西，越是值得朝思暮想。异性之间的情恋尤甚。保持陌生感不仅仅能产生和谐，还能产生神秘感和敬畏感。绝对是人际关系中的一个"杀手锏"。

两个刚认识不久的人一定会非常迫切地希望知道对方的事情，尽管这是理所当然的愿望，却也会造成不利局面。因为对方一旦了解了你的全部事情，对你的兴趣也会随之冷却。因此，要使每次约会都有新鲜感，并使他对你持续抱有兴趣，聪明的女人一定要在恋爱期间保留一点神秘感。

神秘感是女人的武器，也是女人的魅力所在。聪明的女人要好好使用这种武器。因此，不要对男孩子有求必应，仍然要适时地拒绝他，以保持一份神秘感。

利用时间的变化

攻破女人心理防线最好是在黄昏时分。在眺望绮丽夜色的高楼窗前，听男朋友的温柔情话，女人就会显得格外听话。

在美国电影名作《上流社会》音乐片中，两位男演员展开了一场爱情争夺战，值得注意的是，每当他们想要说服女主角时，一定选择傍晚这段时间。

为什么这类谈心要选择傍晚时分呢？因为，一般女性对这段时间的感觉是十分脆弱的。而如果从心理学的观点来看，自有其深刻的缘由。

任何人的身心都可能受到一种所谓的"生物时间"所支配，每当到了黄昏时分，这种现象更为明显。

生物时间即主宰着人的精神和肉体的自然节奏。当这种节奏显出不协调时，任何人的身体都会感到疲倦，因而思考能力就会降低，紧张感也薄弱，甚至失去控制。所以，往往在黄昏时分比较容易发生交通事故。

许多情况下，女性较男性更为情绪化，当受了"生物时间"不协调的影响时，也较男性更易于陷入不安和感伤状态。如此说来，攻破女性的心理防线最好是在黄昏时分，也不无道理。这也可谓为男性的智慧之一吧！

当然，"生物时间"的变化使紧张感极度薄弱的现象，不仅对女性如此，对男性也具有同样的作用。众所周知，德国纳粹的首领希特勒这个法西斯头子就是个很会利用气氛使人陶醉的人。他的演讲会总是选择在天气很好的黄昏时刻，也就是在人的气氛要从阳转为阴的黄昏时刻才编织一些激动人心的演说。这样，让听众产生一种虚幻满足的感觉，因为，这时人的判断力渐渐降低，有些人工作了一天很疲劳，所以听他的演讲容易陶醉。希特勒实在是很会利用人类的共同心理来攻心的。

像这种巧妙利用"生物时间"的变化来攻击对方的做法，在商业谈判上也很有效。比如，我们认为此次商谈颇感困难时，最好就选择傍晚时分，若是开会，则将会程拖延至傍晚等。平常在会议中难免会出现许多疑问或意见等，但在傍晚时刻，每个人由于精神上的不安定，加上思考能力减弱，对会议中所进行的提案很少深入地探讨，多以干脆同意了事，于是便很容易上别人的圈套。所以，选择这个时候进行交涉或举行会议，是实现自己计划的理想时刻。

由此扩展到环境气氛、天气对人生理的影响，也是不可忽视的。

女性对环境气氛的感触相当敏锐。例如，在眺望绮丽夜色的高楼窗前，听男朋友的温柔情话，就会显得格外听话。如果把女人带到豪华的餐厅或酒吧，女方就会陶醉在另一种气氛中。

其实，不光是女性对气氛敏感，男性也是同样。比如，连续几天的阴雨就会使人感到沉闷，相反，艳阳高照的大晴天就会使人想到户外活动。

下雨天的晚上是进行心理战的最好时机。下雨时，人的心理活动水平降低。例如，下雨天谁都不想出门，待在家里也很沉闷。如果大家要分手或离开，就选择在下雨天的晚上，把自己要说的意见提出来，这样，就能很顺利地如愿以偿。女性比男性更会受到天气等自然条件的影响，下雨时，沉闷的气氛很自然就降低了对不易接受的条件的抵抗度。雨水就像一张包装纸，把一些不易接受的现实包起来，因此，不易接受的事实也勉为其难地承受了。

制造偶然的机会

女人一般比较相信命运,相信一切男女之情都是缘分,"偶然"对她们更有说服力。

有一个朋友,他的女儿才貌双全,许多条件很好的男人向她求婚,都被她拒绝了。并非她不想结婚,而是她想到结婚以后,必须走进厨房,每天为柴、米、油、盐之类的事情烦心,就退缩了。但是有1年,突然出现了一个让她决定出嫁的男士。

这个男士既能干又有钱,只是长得不英俊。每一次约会她都是在不知不觉中答应的。后来渐渐地了解了他的工作,也和他的家人见了面。

当有一天,她突然觉醒时已经太迟了,因为订婚戒指已牢牢地套在她左手的无名指上。

每次问她怎么会嫁给他时,她总是开玩笑地说:"我是上了他心理战的当。"有时又会说:"可能一切都是命。"

她谈起了他们是如何开始约会,又如何闪电般迅速结婚的。他们第一次约会是这样交谈的:

"网球和电影,你喜欢哪一种?"

"我喜欢看电影。"

"国产片和外国片,你是喜欢外国片?"

"是的,但是××地方正在上演A导演的新片,虽然是国产片,我也很想看。"

第7章 幸福男女心理学

"这样好了,这个礼拜天我们一起去看。"

女孩不假思索,轻松地答道:"好吧!我们去看。"

然后,他们就经常一起看电影。刚开始时,这个女孩根本没有想过要和这个男士约会,但事后想起来,当时男士问的问题中,她好像没有回答"No"的余地,都是说"Yes"或"OK"的。本来在一开始约会时,其内容都会有"Yes"和"No"的选择,如果是"Yes"的话,那么在以后的约会中,就会谈有关"Yes"的内容,或A和B问题中的内容,这个男士提问时,几乎无视这一点,他只让她从A或B中来选择"Yes"或"No"。

虽然,她在这场心理战中失败了,所幸的是她建立了一个幸福的家庭,所以也就没有什么关系。话虽如此。不过这个女孩的聪明是人所皆知的,为什么她会让他的计谋得逞呢?

某保险公司的一名女推销员的推销成绩在公司可说是数一数二的。但她并无特殊外貌,口才也平平,实在看不出她有什么能耐。可是当你与她见面时,才感觉到她确实是有一手。据她说,每当她要向女性推销时,一定要强调命运。例如:本来我也不相信什么命运,可是我有一种预感,你非加入保险不可。"先说了一段开场白后,接着又说:"前一阵子我向一位太太推销保险,她也入了保,但奇怪的是当她入保后第二个月,她家人突然发生了事故,而她也因此获得了保障。在我向她推销保险以前,就曾多次在路上遇见她,这些虽然都是偶然,但为何反复出现,而且在同一个地方,因此我也不得不相信偶然与命运有所关联,就是因为偶然,间接促使她加入了我的保险。"当然她说的那些话并不是捏造的,只是时间上稍作更改,因为那是多年前发生的事。

一般女性对所谓的命运或算命的感觉都十分脆弱,所以这一类说法对她们自然十分有效,据说她每次都是用这种方式促销她的保险,而且是十拿九稳的。

男人要结交女友时，也可将偶然与命运同时运用。比如某男子归还一条拾获的女性手绢时，便可这样对她说："你的长相与我初恋的女友真是太相似了。"以后便可经常故意制造一些"偶然"与她碰面，并且要让她感觉这些偶然都是命运的安排，更须时常强调说："难道我们之间真有这么多的偶然吗？或许是上天有意安排。"这对男女在不久的将来必定会双双步上红地毯。

第8章

职场人脉心理学
做办公室里最受欢迎的人

一个人是否是一个成熟的职场人士，是否被上级青睐，是否被下属钦佩，是否受同事欢迎，在某种程度上都取决于你能否洞察他人的心理活动，能否灵活处理办公室内内外外、方方面面的关系。正如古人云："世事洞明皆学问，人情练达即文章。"

一、心理学与交际之道

 具备良好的人际亲和力，塑造心与心的平等

一个具备良好的人际亲和力的人在工作上会有很好的人缘，也容易得到同事的支持和鼓励。

亲和力是一种爱的情感，是心与心的平等和互惠。具备良好的人际亲和力易于削减上司与员工之间的隔膜。

平等是一条人格原则，讲话的双方，谁也不宜凌驾于对方之上，如果有谁想凌驾于对方之上，谁就会自食其果。具有高尚素养的人，他们明白这个简单的道理。在他们日常的交谈中，从来不以主宰的面目出现，从来不讲究你高我低、你少我多，而总是采取平等的原则、谦和的态度、商量的口吻，时时处处，片言只语，总有一种平等的气氛。

某厂面向社会招聘厂长。在招聘会上3位投标人讲述自己的治厂方案，代表们互相提问。投标人当场答辩。其中一个女干部一举中标，荣任厂长。且看她是如何施展自己的亲和力的：

问："你是个外行，靠什么治厂，怎样调动起大家的积极性？"

答："论管理企业我并不认为自己是外行，何况我们厂还有那么多懂管理的干部和技术高明的老工人，有许多朝气蓬勃、勇于上进的年轻人。我上任后，把老师傅请回来，把年轻人的工作、学习和生活安排好，让每个人都干得有劲，玩得舒畅，把工厂当成自己的家。"

第8章 职场人脉心理学

问:"咱们厂不景气,去年1年没发奖金,我要求调走,你上任后能放我走吗?"

答:"你要求调走,是因为工厂办得不好,如果把工厂办好了,我相信你就不走了。如果你选我当厂长,我先请你留下看半年有无起色再说。"

话音刚落,立即在全场爆发了掌声。

问:"现在正议论机构和人员精简,你来了以后要减多少人?"

答:"调整干部结构是大势所趋,现在科室的干部显得人多,原因是事情少,如果事情多了,人手就不够了。我来以后,第一目的不是减人,而是扩大业务、发展事业……"

问:"我是一名女工,现在怀孕7个多月了,还让我在车间里站着干活,你说这合理吗?"

答:"我也是女人,也怀孕生过孩子,知道哪个合理,哪个不合理,合理的要坚持,不合理的一定改正。"

女工们立即活跃了起来。有的激动地说:"我们大多是女工,真需要一位体贴、关心我们疾苦的厂长啊!"

无论是谁都有必要具备良好的人际亲和力。不管是销售人员、行政管理人员,还是科研工作者,良好的人际沟通能力都是通向事业成功的桥梁。一个具备良好的人际亲和力的人在工作上会有很好的人缘,也容易得到同事的支持和鼓励。

领导怎样才能具备良好的人际亲和力呢?

1. 做到深刻认识自我

人贵有自知之明。一个人只有深入地了解自我,才能了解他人。因此,深刻认识自己是真正地具备良好的人际亲和力的基石。

在成长过程中，每个人都会有一些创伤和问题，可能是经常感到自卑，或者自傲，或者以自我为中心，或者曾经遭受过各种各样心灵上的创伤。这些问题的存在，或多或少都会影响到成年之后的良好的人际亲和力。

2. 不断地进行人际交流实践

在深入了解自己的基础之上，经常进行人际交流的实践是加强人际亲和力的重要过程。在不断的人际交流的实践中，以别人作为一面镜子，可以折射出自己的某一面，从别人的身上，可以看到自己心灵中自己看不到的侧面。在与他人的交流和实践中，又可以不断强化自己的实战能力，随时修正自己。

3. 扩大自我意识

每个人成长的环境都不一样，其所生长的家庭环境和社会环境会给其自我意识打下较深的烙印，从而影响其对人与事物的看法。这些观点在和其他人交往时，极易影响到对他人的评价。当他是从自己的世界观、人生观和价值观去评价他人时，就无法深入理解他人内心深处的感受。

因此，在了解自己的基础上，在人际交往的实践中，要不断地放下自己固有的价值观，耐心地倾听他人内心深处的声音，这样才会更容易看到一个个与自己不同的全新的内心世界。当一个人对他人的理解能力增强后，能够深入地理解他人时，他的人际亲和力就会增强。

第8章 职场人脉心理学

  掌握名片效应，使对方接受你的观点

表明自己与对方的态度和价值观相同，就会使对方感觉到你与他有更多的相似性，从而很快地缩小与你的心理距离，更愿意与你接近，结成良好的人际关系。

有一位求职青年，应聘几家单位都被拒之门外，感到十分沮丧。最后，他又抱着一线希望到一家公司应聘，在此之前，他先打听该公司老总的历史，通过了解，他发现这个公司老总以前也有与自己相似的经历，于是他如获珍宝，在应聘时，他就与老总畅谈自己的求职经历，以及自己对未来的展望。

果然，这一席话博得了老总的赏识和同情，最终他被录用为业务经理。

有实验结果表明，经过"名片递送程序"的要比未经过"名片递送程序"的能更快、更容易地接受我们所主张的思想观点，而本人在对方面前也容易成为一个他们所能接受的、感到亲切的、同他们有许多共同点的人。

只要我们摸准对方的预存立场和基本态度，而后恰当地运用"名片"，就能比较有效地对别人施加影响，并顺利地实现自己的目的。

名片效应指的是要让对方接受你的观点、态度，你就要把对方与自己视为一体，首先向交际对方传播一些他们所能接受的、熟悉并喜欢的观点或思想，然后再悄悄地将自己的观点及思想渗透和组织进去，使对方产生一种印象，似乎你的思想观点与他们已认可的思想观点是相近的。

表明自己与对方的态度和价值观相同，就会使对方感觉到你与他有更多的相似性，从而很快地缩小与你的心理距离，更愿意与你接近，结成良好的人际关系。

美国前总统里根迎合选民的手法变化多端，富有吸引力。在向一群意大利血统的美国人讲话时，他说："每当我想到意大利人的家庭时，我总是想起温暖的厨房，以及更为温暖的爱。有这么一家意大利人住在一套稍嫌狭小的公寓房间里，但已决定迁到乡下一座大房子里去。一位朋友问这家人12岁的儿子托尼：'喜欢你的新居吗？'孩子回答说：'我们喜欢，我有了自己的房间，我的兄弟也有了他自己的房间，我的姐妹们都有了自己的房间。只是可怜的妈妈，她还是和爸爸住一个房间。'"

这个笑话明显地拉近了他与选民的心理距离，有效地推销了他的形象。他所使用的，就是一种名片效应。

松下幸之助出身贫寒，年轻时到一家电器工厂去谋职，这家工厂的人事主管看着面前的小伙子衣着肮脏、身体瘦小，觉得不理想，信口说："我们现在暂不缺人，你一个月以后再来看看吧。"

这本来是在推辞，没想到一个月后松下幸之助真的来了，如此反复了多次，主管只好直接说出自己的态度："你脏兮兮的是进不了我们工厂的。"于是松下幸之助立即回去借钱买了一身整齐的衣服穿上再次去面试。负责人看他如此实在，只好说："关于电器方面的知识，你知道得太少了，我们不能要你。"

不料两个月之后，松下幸之助再次出现在人事主管面前："我已经学会了不少有关电器方面的知识，您看我哪方面还有差距，我一项项来弥补。"

这位人事主管紧盯着态度诚恳的松下幸之助看了半天才说："我干这

第8章 职场人脉心理学

一行几十年了，还是第一次遇到像你这样来找工作的。我真佩服你的耐心和韧性。"

正是松下幸之助这种不轻易放弃的精神，在主管的心目中形成了一种良好的名片效应，从而使他得到了这份工作。而他自己也最终通过不断努力，逐渐成为电器行业的英雄。

名片效应有助于消除别人的防范心理，缓解他们的矛盾心情，也有助于减少信息传播渠道上的障碍，形成传授两者情投意合的沟通氛围，其操作要点在于以下两个方面：

（1）要善于捕捉对方的信息，把握真实的态度，寻找其积极的、你可以接受的观点，形成一张有效的"名片"。

（2）寻找时机，恰到好处地向对方出示自己根据"名片"打造出的形象，这样，你就可以达到目标。

 把荣耀送给别人，独自贪功最愚蠢

与集体分享个人的成功。所有人都是蜡烛——要点燃自己并且照亮别人，如果你只照亮自己，你的前途将一片黑暗；如果你只照亮别人，你将成为灰烬。

有位编辑很有才气，他编辑的杂志很受欢迎。有1年他得到了大奖，一开始他还很快乐，但过了几个月，却失去了笑容。他说，社里的同事，包括他的上司,都在有意无意间和他作对。

这是为什么呢?原因是他犯了"独享荣耀"的错误。事情是这样的:

他得了大奖,老板还另外给了他一个红包,并且当众表扬他的工作成绩。但是他并没有现场感谢上司和属下们的协助,更没有把奖金拿出一部分请客,所以大家虽然表面上不便说什么,但心里却感到不舒服,和他产生了隔阂,所以就和他作对了。

就事论事,这份杂志之所以能得奖,这位编辑贡献最大,但是当有"好处"时,别人并不会认为哪一个人才是唯一的功臣,总是认为自己"没有功劳也有苦劳"。所以他"独享荣耀",就会引起别人的不舒服。尤其是他的上司,更因此而产生不安全感,害怕失去权力,为了巩固自己的领导地位,所以他自然就没有好日子过了。

由于上司的白眼,同事间关系的冷漠,两个月后这位编辑就因为待不下去而辞职了。

这位编辑造成最后这种局面的根源还是在于他自己。谁让他忽略了别人的感受呢?其实每个人都认为别人的成功总有自己的功劳和苦劳的一份,而他却傻乎乎地独自抱着荣耀不放,别人当然不会为他如此自私的做法而感到舒服了。

1931年,因为卢瑟福在科学界的地位而被英国政府授予"勋爵"称号。他本人从来不把这些荣誉当做包袱,他声明说:"我并不看重这个勋爵形式,因为它对我这样的科学家有明显的不利。"

卢瑟福从不掠人之美,他总是怀着无限感激的心情来记述那些曾经帮助过他的朋友和团体。

例如1932年,他在《麦克吉尔新闻报》上发表的一篇文章中强调说:"关于原子转变的第一个确切证明的荣誉是属于麦克吉尔大学的。"他还

第8章 职场人脉心理学

进一步指出，1902—1904年两年间所积累的实验证据是索迪和他本人一起取得的，并且明确指出，"这个近年来激动人心的发现，它的第一步是在蒙特利尔完成的。"

卢瑟福从来都不把一切荣誉和成就记到自己的功劳簿上，他认为："科学家不是依赖于个人的思想，而是综合了几千人的智慧，所有的人想一个问题，并且每人做它的部分工作，添加到正在建立起来的伟大的知识大厦之中。"

卢瑟福就是靠着集体的智慧而在科学研究中取得一个又一个的成就。

卢瑟福在皇家文学学会（该会后来授予他艾伯特奖章）的一次演讲中，详细论述了玻尔的原子结构学说，并且指出，在他看来，25年来，精确地说，从19世纪末开始算起，总共只有三个基本的发现，那就是：1895年的β射线、1896年的放射性和1897年为汤姆生所证实的电子。

按照卢瑟福的这一看法，后来的一切科学研究工作，实际上都是来源于这三大发现。他所列举的三个重大的发现，竟然没有一个是属于他本人的——从这里，人们也可以再一次看到他那谦虚、淳朴的思想作风和高尚的情操。

把荣耀送给别人是一个聪明的做法，独自贪功是自私和愚蠢的，它会给你带来人际关系上的危机。

为了让荣耀为你带来益处，你需要做好这样几件事。

1.感谢

感谢同仁的鼓励、帮助和协作。不要认为这都是自己的功劳，尤其要感谢上司，感谢他的提拔、指导、授权。如果实际情况果真是如此，那么你的感谢就是应该的；如果同仁的协助有限，上司也不值得恭维，你也有必要感谢他们，这样做虽然勉强一些，但却可以使你避免成为众矢之的。

2.分享

口头上的感谢也是一种分享,这种"分享"可以无穷地扩大范围。另一种是实质的分享,别人倒也不是要分你一杯羹,但是你主动地分享却让旁人有受尊重的感觉。如果你的荣耀事实上是众人鼎力协助完成的,那么你更不应该忘记这一点。实质分享有很多种方式,小的荣耀请吃糖,大的荣耀请吃饭,分享了你的荣耀,就不会有人和你作对了。

3.谦卑

人往往一有了荣耀就"忘了我是谁"地自我膨胀,这种心情是可以理解的,但旁人就遭殃了,他们要忍受你的嚣张气焰,却又不敢出声,因为你正在风头上。可是慢慢地,他们会在工作上有意无意地抵制你,不与你合作,让你碰钉子。因此有了荣耀,要更谦卑。要不卑不亢不容易,但"卑"绝对胜过"亢",别人看到你的谦卑,会说:"他还满客气的嘛!"当然就不会找你麻烦,和你作对了。

谦卑的要领很多,但做到两点就差不多可以了:对人要更客气,荣耀越高,头要越低;别再提你的荣耀,再提就变成吹嘘了。事实上,你的荣耀大家早已知道,何必再提呢?

不要被同事孤立,做办公室最受欢迎的人

大部分时候,自身的一些缺点都是导致被孤立的主要因素。在单位里,飞扬跋扈的人、搬弄是非的人、打小报告的人、爱出风头的人,往往都

第8章 职场人脉心理学

是被孤立的对象。假如你被孤立了，赶快检查一下，自己是不是这类人？

上班之后，每天和我们相处时间最长的人是谁？不是爱人，不是父母，而是同事。早上一睁开眼，便急急忙忙赶去与他们见面；直到夜幕低垂，才满脸倦意地互道"再见"。出来做事的头一天，父母都要千叮咛万嘱咐：在外面，讲究的是一团和气，和同事抬头不见低头见，千万别生嫌隙。

但人算不如天算，尽管你小心翼翼地维护着和同事的关系，但有一天却仍可能惊奇地发现，自己怎么被同事孤立起来了呢？

被同事孤立的滋味不好受，被孤立的原因也是五花八门。但每个感到孤立的人都可以想一想，为什么被孤立的是自己，而不是别人呢？

除了遇上一些天生善妒的小人，大部分时候，自身的一些缺点都是导致被孤立的主要因素。在单位里，飞扬跋扈的人、搬弄是非的人、打小报告的人、爱出风头的人，往往都是被孤立的对象。假如你被孤立了，赶快检查一下，自己是不是这类人？

归纳而言，被同事孤立的原因主要有如下三种。

1.因为薪水过高

黄晓燕自从进了现在这家公司后，就一直被同部门的两个女同事孤立。每天上下班，黄晓燕都会向她们微笑、打招呼，但她们总是面无表情，装作没看见。每每这个时候，黄晓燕的微笑就一下子僵在了脸上，别提多尴尬了。

平时，她们也不和黄晓燕讲话，有时黄晓燕凑过去想和她们一起聊天，结果她们像商量好的一样，马上闭上嘴巴，各做各的事情去了，丢下黄晓燕讪讪地站在一边。

在这种环境下工作，黄晓燕的郁闷可想而知。后来，她才迂回曲折地从其他同事那里听到一点风声：黄晓燕虽然初来公司，但工资却比这两个女同事高出一大截，于是引来了她们的忌恨。

黄晓燕对现在的工作非常满意，不仅轻松，工资待遇也很称心。她不想因为同事关系不和就牺牲了工作，可心头的烦恼却一天胜似一天。

解决之道：堡垒都是从内部攻破的，想不被人孤立，关键在于打破敌方的统一战线。黄晓燕可以找机会多接近两人中比较好说话的那个，经常赞美她的服饰、气色，聊聊家常；另一个就只打招呼，少说话。时间长了，她们的阵营自然就被分化了。不过，使用这一计，必须有十足的耐心。

2.因为弄错角色

赵蕾在一家国有企业从事财务工作，财务部只有主任、出纳和她三人。主任不管业务，出纳去年才凭关系进来，于是全部门所有的工作几乎都压在了赵蕾身上。出纳只做现金一块的活计，连最基本的报销都不做，但主任从来不说半个"不"字，因为她有靠山。

在领导的纵容下，出纳工作极其马虎。相反，赵蕾做事努力尽心，可到最后总是吃力不讨好。主任有时还会暗示赵蕾，她对工作太认真，把事情都默默地做完了，不等于把他架空了吗？

赵蕾心底里直呼冤枉。主任连计算机都不懂，动不动就甩手把所有的工作都推到她一个人身上，把她累得几乎趴下。到头来，却埋怨她太过能干，赵蕾感到自己简直里外不是人。

现在，主任和出纳都明显地表现出不喜欢赵蕾，平时两人总是有说有笑、有商有量，单单把赵蕾排除在外，赵蕾为此郁闷不已。

解决之道：被同事孤立时，我们也应从自身找找原因。如果一个人

第8章 职场人脉心理学

不喜欢你，可能是他不对；如果所有人都不喜欢你，也许问题就出在你身上。赵蕾对工作兢兢业业，为什么不被主任肯定？很可能是她平时有些越级的举动，令主任不满。她说，自己很想把财务部工作搞好，可是，三个人中，就只有她有这个意识。由此可以看出，她把自己的角色弄错了。

做好部门工作是主任的事情，作为下属，应当配合上级完成这一目标，而不是干脆代替上级去思考。她在言谈中，对主任颇为鄙视，主任对此怎么会没有察觉呢？看来，赵蕾还是应该先摆正自己的位置。

3.因为太出风头

许明明是个精明能干的女子，年纪轻轻便受到老板的重用，每次开会，老板都会问问她，对这个问题怎么看？她的风头如此之足，公司里资格比她老、职位比她高的员工多多少少有些看不下去。

许明明观念前卫，虽然结婚几年了，但打定主意不要孩子。这本来只是件私事，但却有好事者到老板那里吹风，说她官欲太强，为了往上爬，连孩子都不生了。这个说法一时间传遍了整个公司，许明明在一夜之间变成了"当官狂"。

此后，许明明发觉，同事看她的眼神都怪怪的，和她说话也尽量"短平快"，一道无形的屏障隔在了她和同事之间。许明明很委屈，她并不是大家所想的那么功利呀，为什么大家看她都那么不屑？

解决之道：在职场中锋芒太露，又不注意平衡周围人的心态，有这样的结果并不奇怪。许明明并非是目中无人，只是做人做事一味高调，不善于适时隐藏自己的锋芒。只要她能真诚地对待同事，日子久了，他们自然会明白，这就是她的真性情。

心理学与交际之道

提升后怎样得到同事的信任和好感

同事中难免会有妒忌你的人,这可是你的隐患,一定要小心翼翼地清除这枚随时可能爆炸的"炸弹",千万不能让它对你造成危害。对于妒忌你的同事,最好不要正面交锋,以免触痛他敏感的自尊心。

你一旦被提升,有的人总觉得你是踩着他的肩膀上去的,你坦诚相待,他以为你软弱可欺;你以心换心,他说你虚伪。除了此类不识抬举之辈外,你都要用你的真情去换取朋友、同事的信任和好感。

1.谦虚待人,切莫张扬

在石油公司工作的何磊提升为科长以后,立刻在科室里摆出不可一世的样子,说话时声音还大幅度地提高,又装腔作势地打着手势,科室里的同事们对他都极其反感。这种"张扬"只会让同事恶心。

2.近君子,远"小人"

升职以后,你可以有选择地和一些同事、朋友们来往,做到近君子、远"小人"。这里所说的"小人",是指在事业上不会对你有任何帮助,只是单纯的玩伴的那种同事。李志提升为部门经理后,为了显示他没有"升官脸就变",每天下班后仍是和旧日哥儿们喝酒、玩牌。在单位里,也和那些酒肉同事称兄道弟,亲热异常。李志的做法令上司很不满意,上司认为这样不思进取的人是很难再次得到提升的。

3.以柔克刚,以心换心

同事中难免会有妒忌你的人,这可是你的隐患,一定要小心翼翼地清除这枚随时可能爆炸的"炸弹",千万不能让它对你造成危害。对于妒忌你的同事,最好不要正面交锋,以免触痛他敏感的自尊心。季婷婷刚提升为科室主任后,平日最要好的朋友马某,说话总是对她冷嘲热讽。季婷婷在工作上仍然征询马某的意见,生活中对马某也十分关心。渐渐地,马某感到季婷婷提升以后还是那样热情助人,再也不好意思耍脾气了。

4.以理制人,该断则断

你一旦提升,有的人总觉得你是踩着他的肩膀上去的,他要和你势不两立。你坦诚相待,他以为你软弱可欺;你作出成绩,他嗤之以鼻;你以心换心,他说你虚伪。总之,你提升就是你最大的错。对于这种人,不要客气,跟他割断情义。

 运用南风法则,使下属感受到领导的温暖

没有领导者对下属的真正关心,也就不可能出现下属对公司集体的真正忠诚。公司的建立在很大程度上依赖领导者和公司员工的情感交流。这种情感交流所形成的牢固纽带,不是金钱财物可以比拟和替代的。

南风法则也称为温暖法则,源于一则寓言:

北风和南风比威力,看谁能把行人身上的大衣脱掉。北风首先来一个寒冷刺骨冷风,结果行人把大衣裹得紧紧的。南风则徐徐吹动,顿时风和日丽,行人因为觉得春意上身,于是解开纽扣,继而脱掉大衣,南风获得了胜利。

这则寓言形象地说明了一个道理：温暖胜于严寒。

得人心者得天下，企业家与员工的关系是鱼和水的关系，企业家是离不开员工的，因此，一定要在企业内部搞好员工关系，增强企业的凝聚力。

正泰集团创始于1984年7月，主要生产经营高低压电器、输变电设备、仪器仪表、建筑电器、通信设备、汽车电器等产品。集团综合实力已连续5年名列全国民营企业500强前10位。正泰集团董事长南存辉认为，"企业讲究以人为本，全员参保是企业凝聚人心的重要措施，是企业应尽的社会责任，关乎国运，惠及子孙，恩泽本人，有利于企业的发展。"于是，2001年年末，作为民营企业的正泰集团，率先搞起了员工社会养老保险。这项工作被誉为正泰集团的"人心工程"。因为，在南存辉眼里，为员工做好社会保险工作，是一项吸引人、凝聚人、激励人、留住人的重要手段。

到2002年年底，正泰集团总部所属各公司参保人数已达6 000多人，正泰集团为此支出了上千万元的资金。

南存辉的估计是正确的，社保的推行，不仅体现了企业的关爱，稳定了员工的人心，激发了大家的热情，更重要的是，还推动了企业的发展。2002年，正泰经济效益同比增长39%，取得了可喜的成绩。

南存辉注重保障员工的利益，这是人人皆知的。在他的企业里，如果员工的利益受到了侵犯，他会毫不犹豫地站在员工这边；如果员工遇到了困难，他会毫不犹豫地帮助员工解决困难，顺利渡过难关。

华人首富李嘉诚曾说："虽然老板受到的压力较大，但是做老板所赚的钱，已经多过员工很多，所以我事事总不忘提醒自己，要多为员工考虑，让他们得到应得的利益。"这也许应该是每一位创业者都应该持有的待人之道吧。

领导者在管理中运用南风法则,就是要尊重和关心下属,以下属为本,多点人情味,使下属真正感觉到领导者给予的温暖,从而去掉包袱,激发工作的积极性。

领导可以从两个方面努力。

1.使员工感到愉快

如果公司成天暮气沉沉,各成员之间"鸡犬之声相闻,老死不相往来",如何能激发员工的热情钟爱企业呢?如果公司不能激发快乐气氛和振奋精神,又怎么能使员工全心全意地工作呢?有人问比尔·盖茨,如果让他重新开始,他会去哪家公司上班?盖茨没有直接回答这个问题,而只是谈了使人高兴和令人感到工作有趣的重要性。为了吸引和留住那些最好的职员并激发他们的工作激情,老板们需要在工作场所营造一种振奋精神和令人愉快的氛围。

2.兼顾工作和家庭

家庭是社会的细胞,稳定家庭对工作有很大促进作用。一份调查报告中说:"有90%的高层领导将工作带回家去做,他们呼吁要更好地注意兼顾员工们的工作和家庭,否则,企业有可能失去一些人才。"

由于社会竞争越来越激烈,人们生存的压力也越来越大,在日本,许多人因过度劳累而猝死在工作岗位上。这种现象的发生,就是日本政府和企业领导未能协调好员工工作和生活需要之间的平衡。要赢得职员的心,就必须采取积极的方法兼顾他们的工作和家庭。

高效能生活最主要的、也是唯一的因素是平衡,平衡工作做得越好,效能、热诚和创造力也就越大。

利用马蝇效应，把难以管理的员工团结在一起

人的干劲和潜能是无限的，只要环境条件适宜，属下的才能自然生根发芽、开花结果，取得更大的成绩，促进自身改变，变成更加理想的人才。要使管理工作进入"自动化"快车道，只有一个办法——"领"与"导"，这将完全取决于领导如何将属下渴望成功的动机诱导出来。

没有马蝇叮咬，马慢慢腾腾，走走停停；有马蝇叮咬，马不敢怠慢，跑得飞快。马蝇效应给我们的启示是：一个人只有被"叮"着、"咬"着，他才不敢松懈，才会努力拼搏，不断进步。企业也是这样。

一天，银行家巴恩到林肯总统的办公室拜访，正巧看见参议员萨蒙·蔡思从林肯的办公室走出来。于是，巴恩对林肯说："如果您要组阁的话，千万不要将此人选入您的内阁。""为什么？"林肯奇怪地问，巴恩说："因为他是个自大成性的家伙，他甚至认为他比您伟大得多。"林肯笑了："哦，除了他以外，您还知道有谁认为他自己比我伟大得多？""不知道，不过，您为什么要这样问呢？"林肯说："因为我想把他们全部选入我的内阁。"

事实证明，蔡思果然是个狂态十足、极其自大而且忌妒心极重的家伙。他狂热地追求最高领导权，本想入主白宫，不料落败于林肯，只好退而求其次，想当国务卿，林肯却任命了西华德，无奈，只好坐第三把交椅——当了林肯政府的财政部长。

为此，蔡思一直怀恨在心，激愤不已。不过，这个家伙确实是个大能

人，在财政预算与宏观调控方面很有一套。林肯一直十分器重他，并通过各种手段尽量减少与他的冲突。后来，目睹过蔡思种种形状并收集了很多资料的《纽约时报》主编亨利·雷蒙顿拜访林肯的时候，特地告诉他蔡思正在狂热地上蹿下跳，谋求总统职位。

林肯以他一贯特有的幽默对雷蒙顿说："亨利，你不是在农村长大的吗？那你一定知道什么是马蝇了，有一次，我和我兄弟在肯塔基老家的农场里耕地，我吆马、他扶犁，偏偏那匹马很懒，老是磨洋工。但是，有一段时间它却在地里跑得飞快，我们差点都跟不上它。到了地头，我才发现，有一只很大的马蝇叮在它的身上，于是我把马蝇打落在地。我的兄弟问我为什么要打掉它，我告诉他，不忍心让马被咬。我的兄弟说：'哎呀，就是因为有那家伙，这匹马才跑得那么快。'"

然后，林肯意味深长地对雷蒙顿说："现在正好有一只名叫'总统欲'的马蝇叮着蔡思先生，那么，只要它能使蔡思那个部门不停地跑，我还不想打落它。"

林肯的胸襟和用人能力，使他成为美国历史上最伟大的总统之一。

某种程度上说，企业组织类似于马群。而那些个性鲜明、我行我素同时又能力超强、充满质疑和变革精神的员工，就是企业中的马蝇。在一些组织中，他们被叫做问题员工，甚至上了黑名单，因为他们难以被管理。

"如果把马蝇看做是对组织的一种刺激，那么IBM公司确实也有很多这样的员工，因为IBM公司的核心理念之一就是'创新'。要创新，就必须要有这样的员工来经常刺激整个组织。"IBM华东区人力资源经理姜雅玲这样说，"IBM不会简单地将这样的员工当做问题员工。"

"马蝇也要分两种，有的马蝇会传染疾病。"姜雅玲说，"个性化员工也要分两种，应区别对待。IBM每年都要与员工签订一份《员工行为准则》，其中包括遵纪守法、诚实、正直等。那些违反了行为准则的'马蝇'，比如作假的员工，会通过正当程序被IBM辞退。"

有一个经典故事经常被管理界引用，这个故事来源于IBM"商业魔戒三部曲"之《小沃森传》中：

1947年，小沃森刚刚接手IBM销售副总裁。一天，一个中年人沮丧地来到他的办公室，提出辞职，因为他原来的导师柯克和小沃森是竞争对手，他确信小沃森主政后会把他挤垮。这个中年人就是曾任销售总经理的伯肯斯托克，其人才华横溢但一度受挫。

没想到，小沃森对他笑着说："如果你有才华，就可以在我的领导下展现出来，在任何人的领导下，而不光是柯克！现在，如果你认为我不够公平，你可以辞职。但如果不是，你就应该留下来，因为这里有很多机会。"伯肯斯托克留下来了，并在后来为IBM立下了卓著功勋。

小沃森说，"在柯克死后，留下他是我最正确的做法。"事实上，小沃森不仅挽留了伯肯斯托克，他还提拔了一批他并不喜欢但却有真才实学的人。

这个故事体现的精髓，后来构成了IBM企业文化的一个重要营养来源。"吸引、激励、留住行业中最好的人才"如今已成为IBM人力资源工作的宗旨。而从另外一个角度来说，伯肯斯托克是IBM历史上一只很大、很厉害的"马蝇"。

人的工作是最难做的。很多时候公司无法取得更大的发展，甚至分崩离析树倒猢狲散，其根源就在于没有做好人的工作。

作为一个管理者，最大的成就就在于构建并统帅一支由各种不同的专业知识及特殊技能的成员组成的、具有强大战斗力与高度协作精神的团队，不断挑战更高的工作目标，不断创造更大的绩效。

第8章 职场人脉心理学

为此,可能需要超越旁人的勤奋,需要更多的知识,需要更强的资源支持。

更重要的是,还需要像林肯一样,善于运用自己的智慧,利用马蝇效应,把一些很难管理然而又十分重要和关键的员工团结在一起,充分发挥他们的作用,不断为公司创造更大的绩效。

 激励员工,能起到事半功倍的效果

工作成绩被肯定,是人的价值得到了最期望的肯定,当员工得到赞赏和鼓励后,会本能地焕发出更多的光和热。试着去寻找部属身上值得你赞赏和称颂的东西,并且真诚地告诉他。一开始也许不容易,但不久就会习惯的。

领导人能让员工达到巅峰状态的重点是"激励"。领导者懂不懂专业技术这不是重点,懂得如何凝聚适合的人才,如何改善缺点,如何发挥优点,如何激励别人达到巅峰状态,这才是领导的重点,利用赞美激励员工的士气往往会起到事半功倍的效果。

随时鼓励并称赞球员,是韩国足球队前主教练希丁克激励团队的风格。希丁克一般不用直接的批评,而是以直接或间接的鼓励,来刺激球员兴奋起来。

他上任后,给教练组声明的第一个原则就是"千万不要责备球员"。

意思是说，即使球员做错了，也要让球员自己说出来，这样他们才不会再犯同样的错误。

选拔球员时，他也不用"那个球员不行"之类的否定话语，相反他会非常积极地寻找每个人的潜能及特长。

希丁克一直说："我会随时称赞球员，绝不会当众指责他们。指出错误、骂一通，也只会在球队内部。那是我和球员之间的约定，也是我的原则！"

对于球员的失误，他也绝对不会当面发火，相反会通过耐心的说明使球员领悟。但如果给了一次机会，球员还没有"听话照做"，该球员的机会也许就会到此结束。

在言论上，希丁克不管是称赞某个球员，还是指出某个球员的错误，从不指名道姓，而是针对问题，就事论事，而且总是先称赞后批评，或者先批评紧跟着称赞来激励球员。

比赛结束后，要指出球员的错误时，他开头会说："只是要分析比赛情况，而不是为了责怪谁，所以请不要紧张。"接着他会让所有记者退出，然后一条条分析比赛内容。

希丁克不一样的心胸，为球员们的自信心和斗志奠定了坚实的基础，大大提高了球队的士气。美国篮球界大名鼎鼎的K教练率领杜克大学队在NCAA叱咤风云多年，他曾这样说："球队的'士气'是胜利的第一要素！"希丁克能让所有球员在所有比赛中感觉自己是球队中最棒的球员。他随时在鼓励球员："你刚才太棒了！"

在玫琳凯化妆品公司中，赞美是最重要的，公司的整个行销计划都以它为基础。在各种场合中，公司总是不吝惜地给予赞美——

例会上的赞美：玫琳凯公司每个地区的分公司每周的例会上都会有这

第8章 职场人脉心理学

周销售最佳人员的成功经验的讲述和分享,这是一种别样的赞美。主持人在介绍最佳销售员时,每一个美容顾问都会毫不吝啬自己的掌声。

缎带的赞美:在玫琳凯公司,一位美容师在第一次卖出100美元产品时,就会获得一条缎带,卖出200美元时再得一条,并依次类推。这种仅需要0.4美元的礼物奖赏远比100美元的礼物盒有效。

别针的赞美:玫琳凯公司每一位美容师都会以佩戴形式各异的别针为荣,这些别针在美国达拉斯设计制造,然后用飞机运到世界各地,用来奖励在销售产品时有优异销售业绩的美容师。每个别针都有不同的含义,比如其代表最高奖赏的镶钻石大黄蜂别针:大黄蜂身体很笨重,要飞起来相当不容易,它象征玫琳凯的女性在身负家庭的各种负担的情况下,还能获得如此优异的成绩,是非常不容易的。在每一个不同的阶段,当你有了一些进步和改善的时候,玫琳凯都会奖给你各种不同意义的别针,而别针是女性非常喜欢的装饰品,尤其是象征荣誉的别针。

《喝彩》的赞美:《喝彩》是玫琳凯公司内部发行的杂志,这本杂志的最主要目的就是给予赞美,它的发行量和许多全国性的杂志不相上下。上面刊登每月世界各地最优秀的销售员、最优秀的培训员、各种竞赛活动及其获奖情况,详细介绍优秀的美容师和培训员,还有这些优秀女性的成功经验及成长体会。这个杂志每月一期,以不同的国家为单位发行,使玫琳凯美容师在公开赞美中分享经验。

粉红色凯迪拉克的赞美:玫琳凯的区级指导员是蓝色的套装,再高一个层级是粉红色的套装,当你做到可以穿黑色套装的时候,玫琳凯公司就会同时奖励你一部粉红色的凯迪拉克轿车。世界上粉红色的凯迪拉克轿车的主人全部是玫琳凯的全国性指导员。开车走在外边,玫琳凯人都知道这代表玫琳凯的一位资深而优秀的美容师,这样不仅在公众场合赞美了玫琳凯的优秀美容师，同时也为玫琳凯公司做了宣传，粉红色的凯迪拉克轿车成为玫琳凯公司"到处跑的广告"。

赞美的力量是不容忽视的，有时甚至比金钱更重要。战国时，秦欲统一六国、独霸天下，燕国不甘败北，此时民间有位侠士，叫荆轲，此人勇力过人，而且相当自负，燕王想让此人去刺杀秦始皇，但人们心里都清楚，此次行动，不是凶多吉少，而是有去无回。怎么办呢？

燕王便利用了荆轲自负的特点，为他广为宣扬，说此人如何高尚、如何侠义，总之扣了很多大帽子，最后在民间形成了极佳的口碑，然后再聚众宴请他，当着百姓的面请求他去刺杀秦王，才有了"荆轲刺秦"的历史典故。就是这块"贞节牌坊"，使这位勇士乘着萧瑟的秋风，长眠于他乡。

把赞美运用到企业管理中，会起到意想不到的激励效果。作为领导，首先，应该明白自己的员工的心理，其次，要学会赞美下属。做到这些，其实是很不容易的。

林肯说过："人人都喜欢受人称赞。"员工当然也不例外。不可否认，有很多领导人员，他们的心态就没有端正，认为员工是自己的手下，在手下面前耍耍威风，是天经地义的事情，要让他们来赞美下属，比登天还难。所以说，学会赞美下属，是一门艺术。

学会赞美下属，必须掌握以下几点。

1. 发自肺腑的称赞

假装出来的赞美或不切实际的赞美都会起到反作用。

2. 赞其长，避其短

人无完人，赞美他，就要赞美他的长处。如果专拿他的短处赞美，就成了讽刺。

3. 称赞要及时

员工作出成绩后,想得到第一时间的称赞,如果因为领导工作很忙,一个星期后想起来了,表扬几句,效果等同于不赞美。

第9章

[求人办事心理学]
掌控人心，心想事成

在人与人互动的过程中，不懂得洞察人心的人，既不可能拥有良好的人际关系，也不可能在办事过程中顺利地达成自己的目的。可以说，求人办事不仅是一门社交艺术，更是一个心理博弈的过程。如果在与人打交道时，能够恰到好处地揣摩人心，掌控人性，结果就会万事如意，水到渠成。

利用同理心，让对方心甘情愿为你做事

人与人之间总是相互的。你对别人投之以桃，别人就会对你报之以李；你对别人真诚友爱，别人自会对你倍加仁爱；你对别人怒目相向，别人难免会还你以颜色。

吴宇森指导的2009年度大片《赤壁》中有这样一幕。

北方士兵到南方的赤壁作战，水土不服，很多都得了疾病，轻则身体虚弱、头脑发晕、呕吐腹泻，重则死亡。

当时曹操走进了一个伤病员大帐，坐在一个虚弱的小士兵身边，问他想要什么？小兵回答：我想回家。

曹操四下看了看，他知道这是众多士兵的心声，大家都想回家，不想打仗，不想送命。此时，曹操没有厉声训斥，没有军法处置，而是感叹一声，轻柔而深情地说："我也想回家，很想回家。我有一个小儿子，他比你小几岁，从小就体弱多病，但是他很坚强，他总是在我面前强装没事，是为了不让我担心。打赢了这场仗，我带你们回家，带所有人一起回家。"

在第二天，准备攻打赤壁时，所有的将士都集结在一起，就连那些伤病的士兵也自动地集结到沙场，整装待发。此时，在他们心中，最重要的不是回家，而是打赢这场仗，为了丞相曹操，不惜战死，打赢这场仗。

这就是将心比心、以心换心的巨大功效，它可以打动人的心，感动人

第9章 求人办事心理学

的情，让人心甘情愿为你做事。

那么多精锐的骑兵、步兵、水卒为什么都心甘情愿地为曹操去死？

这里面更多的不是利益的诱惑，而是情感的征服。当曹操不处罚士兵的扰乱军心，而说出了"我也想回家"，简单一句话就贴上了士兵们的心。士兵们感到的是丞相也和我们一样，有着柔软的心，有着深厚的感情。

"我有一个小儿子，比你小几岁，从小就体弱多病"，这些话说的都是那么亲近，那么家常，好像这些伤病的士兵都是他的小儿子。紧接着他说"但是他很坚强，他总是在我面前强装没事，是为了不让我担心"，这些又造成了一种情感的渲染，一种暗示，使这些伤病员也都感到自己也应该坚强，也应该为丞相效命。

最后"打赢了这场仗，我带你们回家，带所有人一起回家"。更是说出了所有将士的心声。抓住了大家的心。这一句话感动了大家，也激发了大家的斗志，一定要打赢这场仗。回家成了一个号召，大家都相信丞相，相信丞相终会带领大伙回家。

所有人的心都集中在了一个人身上，那就是曹操，曹操指向哪里，他们就打向哪里，不惜一切，甚至生命。

将心比心的真情动人不仅仅表现在这种军国大事上，它在我们日常生活中的每一个小角落里都存在，并不断地上演着，让他人朝向自己希望的目标前进。

"你以怎样的态度对待别人，别人也会以怎样的态度对待你。"这是成功学家拿破仑·希尔的一句名言。

你尊重他，他才会尊重你，你关心他，他也会关心你，你重视他，他也会重视你，你把他放在心上，他终会把你也放在心上。

美国斯凯电子电视公司总裁阿瑟·利维，为了闭路电视的研究工作，曾录用一位颇有干劲的青年人比尔。

比尔一上任,便一头钻进了实验室,在工作最紧张的时候,比尔一连40多个小时没离开过工作台。

看到这一情景,利维深深地感动了,他拉着比尔的手说:"要是你再不改变一下工作方式,我就要停止新产品的研制工作。"

"为什么?"比尔惊讶地问。

"像你这样不分昼夜地工作,不等新产品问世,人就累垮了。"利维说,"我宁愿不做这种生意,也不能赔上你的生命。我知道你是在竭尽全力干这项工作,你的心意我领了,就是研制不成功,我也不会怪你的。"

简短的一番对话,利维的真挚关心、心疼,令比尔的大脑瞬间空白,温暖流入了彼此的心田,他们结成了至交。不到半年时间,闭路电视就研制成功。

人心都是肉长的,人是一种感情的物种。一旦你征服了他的感情,你就征服了他的心,他会心甘情愿地为你做任何事。

战国时期著名的军事家,魏国统帅吴起视自己的士兵(魏武卒)如手足。

在一次长途作战中,一个士兵的身上长了个脓疮,身为统帅的吴起,竟然亲自用嘴为士兵吸出脓血,脓血是有毒的,一般人都唯恐避之不及,然而吴起却用嘴去吸吮。

这就表现出他对士兵的情之切,爱之深,使这个士兵衷心感动,在战场上更加奋勇杀敌,也使得全军将士为之动容,提升了整军的杀气和斗志,誓为吴帅肝脑涂地。

无独有偶,楚霸王项羽,也曾亲自提着饭去看望受伤的将士,让所有的热血男儿都心里滚烫烫的,士为知己者死,为霸王英勇作战。

第9章 求人办事心理学

人与人之间，总是相互的。你对别人投之以桃，别人就会对你报之以李。你对别人指手画脚，别人自然对你没好话。你对别人真诚友爱，别人自会对你倍加仁爱。你对别人怒目相向，别人难免会还你以颜色。

只要我们将心比心、真诚真心地去对待他人，让他感觉到他在你心中有多么重要，就一定能踏入他的心坎，走入他的心田，感动他的心。他会把你当做知己，因为你明白他的感受，士为知己者死，他会为你竭尽全力做事。

 利用共性心理，踏入对方的心门

在日常的交往中，我们可以通过对方的外貌、神态、言行举止，尤其是他所说的话语内容，在心中对对方有一个初步的认知判断。然后运用这种一般的、笼统性的语言描述，让他突然眼睛一亮，心灵一震，觉得你说的就是他，说的简直太对了、太准了，立马对你非常尊重、敬仰万分。你再说什么，他都会很重视，乖乖听从。

下面一段话是心理学家使用的材料，你觉得是否也适合你呢？

你很需要别人喜欢并尊重你。

你有自我批判的倾向。

你有许多可以成为你优势的能力没有发挥出来，同时你也有一些缺点，不过你一般可以克服它们。

你与异性交往有些困难，尽管外表上显得很从容，其实你内心焦急不安。

你有时怀疑自己所做的决定或所做的事是否正确。

你喜欢生活有些变化，厌恶被人限制。

你以自己能独立思考而自豪，别人的建议如果没有充分的证据你不会接受。

你认为在别人面前过于坦率地表露自己是不明智的。

你有时外向、亲切、好交际，而有时则内向、谨慎、沉默。

你的有些抱负往往很不现实。

……

这其实是一顶套在谁头上都合适的帽子。

这是心理学家用一段笼统的、几乎适用于任何人的话让大学生判断是否适合自己，结果绝大多数大学生认为这段话将自己刻画得细致入微、准确至极。

如果有个"心理学家"这么对你说，你就会衷心地佩服他，觉得他说的就是你自己，是那么回事。此时，他已经踏入你的心门，不管后面他接着说的是什么，你都觉得他说得对，认为自己应该听从他的指导。

心理学的研究揭示，人很容易相信一个笼统的、一般性的人格描述特别适合自己。即使这种描述十分空洞，他仍然认为反映了自己的人格面貌。心理学上将这种心理倾向称为共性心理。

有位心理学家给一群人做完明尼苏打多相人格检查表（MMPI）后，拿出两份结果让参加者判断哪一份是自己的结果。事实上，一份是参加者自己的结果，另一份是多数人的回答平均起来的结果。参加者竟然认为后者更准确地表达了自己的人格特征。

共性心理在生活中十分普遍。

第9章 求人办事心理学

拿算命来说，很多人请教过算命先生后都认为算命先生说得"很准"。其实，那些求助算命的人本身就有易受暗示的特点。当人的情绪处于低落、失意的时候，就会对生活失去控制感，于是，安全感也受到影响。一个缺乏安全感的人，心理的依赖性也大大增强，受暗示性就比平时更强了。

加上算命先生善于观察人、揣摩人的内心感受，稍微能够理解求助者的感受，求助者立刻会感到一种精神安慰。算命先生接下来再说一段一般的、无关痛痒的话，便会使求助者深信不疑。

很多所谓的心理大师、心灵导师，都是通过这种伎俩赢得别人的敬仰和崇拜的。

我们在日常的交往中，为什么不利用这种共性心理呢？

通过对方的外貌、神态、言行举止，尤其是他所说的话语内容，在心中对对方有一个初步的认知判断。然后运用这种一般的、笼统性的语言描述，让他突然眼睛一亮，心灵一震，觉得你说的就是他，说的简直太对了、太准了，立马对你非常尊重、敬仰万分。你再说什么，他都会很重视，乖乖听从。

有一位心理咨询师曾讲述了这样一个故事：

有一天，我认识了一个女孩儿。她给人的第一感觉就是精神奕奕，穿着大方整洁，见人先笑，举止得体，也很健谈。一个很正常的小白领就是这样。

在听了她说的一些话后，我说：

"你外表看起来很外向，很随和。实际上你的内心很刚强，你对问题有自己的看法，别人如果没有充足的理由很难说服你。外柔内刚。

你看起来很健谈，很爱交际。实际上在你的内心，你需要的是一片属于自己的净土,有时你会一个人安静地待着做自己喜欢的事。

你知道要面对现实,要生存。但是有时候你又控制不住自己爱幻想一些美好。

你有时候会不太确定自己想要的是什么,自己为什么活着,未来的路究竟怎样?但是一旦你确定了目标,你就会努力去争取实现。

……"

这其实是一件穿在许多人身上都合适的衣服。

但是当我对她说这些话的时候,她简直惊呆了,她说我是第一个在这么短的时间内就如此了解她的人,有些人和她在一起一两年也没能这么清晰地明白她。立马对我佩服得五体投地、敬仰万分,觉得我就是她的好朋友、好知己。

其实,我并没有太注意去听,去分析她说的具体内容,而只是运用了人们的这种共性心理,给她穿了件漂亮的均码外衣。

在我们后来的交往中,她一直都很尊重我,遇到问题总会认真听取我的意见,我偶尔有事要她帮忙,她会特别高兴,觉得很荣幸能为我做事。直到现在依然如此。

 投其所好,让对方高高兴兴地帮你办事

心情好可以使人更容易帮助别人。

第9章 求人办事心理学

闭上眼睛回想一下，我们在请人帮我们办事之前，是不是会摸清楚他的喜好，然后有针对性地去做？

比如，我们创业需要融资，想从一个有钱人手里拿到大笔的资金，而他又是出了名的"性情古怪"，如果从正常的程序谈判、协商，可能会花费大量的精力和时间，并且一无所获。

但是，如果我们能够找到他的兴趣喜好，恰到好处地投其所好，赢得他的欢心和喜爱，此时，再拿出早已经准备好的计划书或者策划方案，他就会高高兴兴地帮我们提供资金。

如果他喜欢古董，我们就送上罕见的有品位的古董珍品；如果他喜爱字画，我们不妨带上传世名作作为见面礼；如果他喜欢踢足球，我们不妨效法——高俅，获取"高官"；如果他喜欢饮酒作乐，我们就顺水推舟陪他喝个够。

心理学上有这么一个规律——好心情乐助人律，也就是说心情好可以使人更容易帮助别人。

心理学家曾经做过一个实验。

他们故意在公用电话亭里放置了一枚硬币，假装是前一个人忘掉的。被试者去打电话，忽然发现了这个硬币，感到非常高兴。

这时，试验者抱着一堆书籍之类的东西从他跟前走过，故意让书突然掉到地上。刚从电话亭里出来的这个心情好的被试者，大多会帮助他捡起地上的书。而对于没有捡到额外钱币的人，帮助陌生人捡书的概率则小得多。

军阀混战时期，有一个人想在东北谋一个职业，曾经请了个有权势的商人帮他推荐，张作霖也表示同意委以重任。可过了几天，还迟迟不见任书，那个人急得团团转。

凑巧，他遇到了一位故交，此人正好是张作霖的顾问。这个人把自己的处境告诉了他，请求他催催张作霖。

谁知那位顾问却像拨浪鼓似的一个劲儿地摇头，推却道："不好办啊。你既有人推荐了，我再为你去说情，好像是追问他一般。他是一个多疑的人，便会想到你为什么如此迫不及待地要在他那里谋事。本来也许会给你个差事，这样一来，非但不给，搞不好还会招来祸害。"

不过，顾问到底是顾问，他见那人一脸的失望与忧伤，竟也为朋友想出条主意："我想到一计，张大帅近来很高兴玩麻将，对麻将情有独钟，我们就借某总长家里，请人来吃饭打牌。打牌时你也来，你是打麻将的老手，每次是只赢不输。这回你只许输，不许赢。不妨连自己的底也输光，一定要让张大帅赢得满意，玩得开心。到那时候，我自有妙计。"

到了约定的那天，在某总长家里，由那位顾问盛情邀请张作霖吃饭。茶余饭后，拉出麻将桌准备交锋。

所有事情都照那位顾问的计划而行。这天，张作霖的牌可顺了，要什么牌就来什么牌。他高兴得手舞足蹈。

那人真不愧是打麻将的老手，张作霖手中的牌，他摸得透透的。在玩牌过程中，他故意多次输给了张作霖。张大帅玩得十分高兴。

打过牌后，张作霖同那位顾问边抽烟边聊，顾问有意捧他："大帅，您这牌可打得太棒了。"

张作霖扔掉烟头，莞尔一笑："你夸奖了，全凭运气。"那位顾问话锋一转："今天那一位这次到咱们这儿来，是想找一个差事的。他在前清也是个京官，还有些才干呢。"

张作霖猛然醒悟，拍拍脑袋道："噢，想起来了，有一个商人也曾经推荐过他的，我成全了他吧。"

第9章 求人办事心理学

后来，没过多久，那个人就到东北去做官了。

从心理学的角度来讲，人人都有自己独特的喜好。如果我们能够抓住人人都喜欢投其所好的特点，自然能够给人留下比较好的印象，与其交往也会轻松自如很多。只要他高兴了，事情就好办了。

查尔斯在纽约一家大银行做行政管理。他奉命写一篇有关某公司的机密报告。他只知道有一家工业公司董事长拥有他需要的资料。查尔斯便去拜访这位董事长。

当他走进办公室时，一位女秘书探出头来对董事长说："今天没有什么特别的邮票。""我替儿子收集邮票。"董事长对查尔斯解释。

那次谈话没有结果，董事长不愿意提供任何资料。查尔斯回来后感到十分沮丧。然而幸运的是，他记住了那位女秘书和董事长所说的话。

第二天他又去了。让人传话进去说，他要送给董事长的儿子一些邮票。董事长高兴极了，用查尔斯的原话："即使竞选国会议员也没有这样热诚！"

他紧握我的手，满脸笑容。"噢，乔治，他一定喜欢这张。瞧这张，孩子准把它当做无价之宝！"董事长连连赞叹，一面抚弄着那些邮票。整整一个小时，我们谈论着邮票。

奇迹出现了：没等我提醒他，他就把我需要的资料全都告诉了我。不仅如此，他还打电话找人，把一些事实、数据、报告、信件全都提供给我。出门我便想起一句一个新闻记者常说的话："此行大有收获！"

投其所好的关键是，了解其所好是什么，只有抓住了所好，才能让他高兴，这样他才能对你有好印象，才能高高兴兴地帮你把事情办好。

找出共同点，唤起对方的情感共鸣

人人都有一颗心，都有柔软的、同情的和慈善的一面，都会将心比心地为别人考虑。只要我们能够击中彼此共同的那个柔弱点，就能引起他的情感共鸣，拨动他的心弦。

在美国经济大萧条时期，有一位17岁的姑娘花了很长时间才找到一份在高级珠宝店当售货员的工作。

在圣诞节的前一天，店里来了一位30岁左右的贫民顾客，他衣衫褴褛，一脸的悲哀、愤怒，并用一种不可企及的目光，盯着那些高级首饰。

这个姑娘要去接电话，一不小心，把一个碟子碰翻，6枚精美的金戒指落到地上，她慌忙捡起其中的5枚，但第6枚怎么也找不着。

这时，她看到那个30岁左右的男子正向门口走去，顿时，她醒悟到了戒指在哪儿。当男子的手将要触及门柄时，姑娘柔声叫道："对不起，先生！"

那男子转过身来，两人相视无言，足足有1分钟。

"有事吗？"他问，脸上的肌肉在抽搐。

姑娘一时竟不知说些什么，怔在那里。

"什么事？"他再次问道。

"先生，这是我头回工作，现在找个事儿做很难，是不是？"姑娘神色黯然地说。

男子长久地审视着她，终于，一丝柔和的微笑浮现在他脸上。

"是的，的确如此。"他回答，"但是我能肯定，你在这里会干得不错。"

第9章 求人办事心理学

他停了一下,然后向前一步,把手伸给她说:"我可以为您祝福吗?"

然后他转过身,慢慢走向门口。

姑娘目送着他的身影消失在门外,转身走向柜台,把手中握着的第6枚金戒指放回了原处。

这位姑娘如果叱责怒骂,甚至叫来警察,也能找回戒指,但姑娘的"饭碗"很可能就此砸了。

她之所以能够成功地要回了青年男子偷拾的第6枚金戒指,关键是在尊重谅解对方的前提下,以"同是天涯沦落人"的凄苦言语触动对方的心。"这是我头回工作,现在找个事儿做很难",这句真诚朴实的表白,饱含着惧怕失去工作的痛苦之情,饱含着恳请对方怜悯的求助之意,终于感动了对方。

因为青年男子也深知"现在找个事儿做很难",深知如果自己拿走了这枚戒指,姑娘就会因此失业,那她也将会和自己一样,经受悲惨的生活。

人人都有一颗心,都有柔软的一面,都有同情的一面,都有慈善的一面,都会将心比心地为别人考虑。

只要我们能够击中彼此共同的那个柔弱点,就能引起他的情感共鸣,拨动他的心弦。

意大利物理学家伽利略年轻时立志在科学研究方面有所成就,可他的父亲十分反对他搞研究,因此他希望得到父亲的支持和帮助。

有一次,他对父亲说:"父亲,我想问您一件事,是什么促成了您同母亲的婚事?"

父亲回答说:"因为你的母亲十分吸引我。"

一、心理学与交际之道

伽利略又问："那您有没有娶过别的女人？"

父亲说："没有，孩子。家人曾经给我介绍了一位富有的女士，可是我只对你母亲情有独钟。"

伽利略说："您说得一点也没错，您不曾娶过别的女人，因为您爱的是她，可是您知道吗？我现在也面临同样的处境。除了科学以外，我不可能选择别的职业，因为我喜爱的正是科学。其他事物对我而言，都毫无用途与吸引力。难道我要去追求财富或是荣誉？科学是我唯一的需要，我对它的爱，就如同对一位美貌女子的倾慕。"

父亲说："像倾慕女子那样？你怎么会这样说呢？"

伽利略说："一点也没错。亲爱的父亲，我已经18岁了。别的学生，哪怕是最穷的学生都会想到自己的婚事。可是，我却从没想过。因为别人都想寻求一位标致的姑娘作为终身伴侣，我却只愿与科学为伴。"

父亲不说话了，只是默默地听。他深深地被儿子的话打动了，儿子那颗对科学真挚的唯一的爱，如同自己对妻子一样炽烈，是不容改变的。最终，他愿意支持儿子的决定，支持儿子的科学事业。

利用负债心理，让对方回报你更多

利用人受了恩惠要回报的心理倾向，先主动给予对方一些好处，对方就会回报给你多得多的好处和方便。

第9章 求人办事心理学

一只小蚂蚁在河边喝水,不小心掉了下去。它用尽全身力气想靠近岸边,但不一会儿就游不动了,在原地打转,小蚂蚁近乎绝望地挣扎着。

这时,正在河边觅食的一只大鸟看见了这一幕,它同情地看着这只可怜的小蚂蚁,然后衔起一根小树枝扔到它旁边,小蚂蚁挣扎着爬上树枝,终于脱险回到岸上。

当小蚂蚁在河边草地上晒身上的水时,它听到了一个人的脚步声。一个猎人轻轻地走过来,手里端着枪,准备射杀那只大鸟。

小蚂蚁迅速地爬上猎人的脚趾,钻进他的裤管,就在猎人扣动扳机的瞬间,小蚂蚁咬了他一口。猎人一分神,子弹打偏了。枪声把大鸟惊起,振翅飞远了。

大鸟可怜小蚂蚁帮了它一把,小蚂蚁感恩图报,救了大鸟的命。为什么呢?

这是动物乃至人类的本能,它们会在得到别人的恩惠后,自然而然产生一种回报别人的负债心理,一有机会,一定连本带利去报答。

你是否碰到过这样的情况:你主动给别人带了早餐回来,通常,在他中午出去吃饭的时候,你请他能否顺便给你带回来一份时,即使外面太阳炽烈,他也会答应给你带回来。

但是在你没有给他任何小恩小惠的情况下,他通常都会委婉地对你说:"要不,我们一起去吃吧。"或者直接对你吼道:"热死人了,我还懒得去买呢。"

俗话说:"受人一饭,听人使唤"、"吃人嘴软,拿人手短"、"滴水之恩当涌泉相报"。通常,人们在接受了他人给予的恩惠后,都会产生一种必须回报的负债感,只要有机会,就会回报给对方,报答对方的恩情,以期达到心理和感情上的自由和平衡。

这些都是人的负债心理在起作用。这种在得到对方的恩惠后，就一定要报答对方的心理，是人类社会中根深蒂固的一个行为准则。

一位心理学教授做过一个小小的实验，证明了这种心理的普遍存在性。

他在一群素不相识的人中随机抽样，给挑选出来的人寄去了圣诞卡片。虽然他也估计会有一些回音，但却没有想到大部分收到卡片的人，都给他回了一张。而其实他们都不认识他啊！

给他回赠卡片的人，根本就没有想到过打听一下这个陌生的教授到底是谁。他们收到卡片，自动就回赠了一张。

也许他们想，可能自己忘了这个教授是谁了，或者这个教授有什么原因才给自己寄卡片。不管怎样，自己不能欠人家的情，给人家回寄一张，总是没有错的。

当从别人那里得到好处，我们总觉得应该回报对方。如果一个人帮了我们一次忙，我们也会帮他一次，或者给他送礼品，或者请他吃饭。如果别人记住了我们的生日，并送我们礼品，我们也会对他这么做。

中国古代讲究礼尚往来，也是负债心理的表现。正所谓："投之以桃，报之以李"。负债心理可以使人们答应一些在没有接受恩惠时一定会拒绝的请求。

负债心理的威力在于，可以把对提出请求的人的印象完全掩盖住，即使是一个陌生人，或者是一个不讨人喜欢或不受欢迎的人，如果先施予我们一点小小的恩惠然后再提出自己的要求，就会大大提高我们答应这个要求的可能性。

为什么负债心理有如此大的威力？关键就在于一旦受惠于人，就会总感觉亏欠了别人什么似的，如芒在背，浑身不自在，必须回报，才能让自

第9章 求人办事心理学

己的心理重压获得解放，让自己的心灵获得自由，心安理得地生活。

我们可以有效地利用人的这种受了恩惠要回报的心理倾向，先主动给予对方一些好处，非常自然的好处，对方就会回报给你多得多的好处和方便。

在生活中，我们经常会见到这种现象：想找别人帮忙，就会先热情地带上一些礼品送到他家里去，或者先请他吃饭，往往后面的事情就顺理成章，比较好办了。

如果在没有任何小恩小惠或小给予的情况下，要让别人答应帮忙就困难得多，他也许会来个"秉公处理"，事情就没戏了。

"给予就会被给予，剥夺就会被剥夺。信任就会被信任，怀疑就会被怀疑。爱就会被爱，恨就会被恨。"人是三分理智、七分感情的动物。我们送出什么就会收回什么，给予什么就会得到什么。帮助的越多，得到的也就越多，假如自己越吝啬，也就越会一无所有。

欲有所得，当先给予。

我们经常会在大街上碰到一些散发美容健身之类传单的年轻人，他们会热情地说："免费体验，先去尝试"，而我们大多数人都会直接躲避开，因为我们知道免费体验过后，就该付出了。既然我们不想付出，就不愿意接受这种优惠。这也能证明负债心理的普遍存在，人们的内心都存有负债心理，得人好处，就得回报，不想回报，最好不要拿人好处。

小牛见母牛在农民的皮鞭下汗流浃背地耕田，感到很难过，就问："妈妈，世界这么大，为什么我们一定要在这里受苦，受人折磨呢？"

母牛一边挥汗如雨，一边无可奈何地回答说："孩子，没办法呀，自从咱们吃了人家的东西，就身不由己了，祖祖辈辈都得这样啊！"

在交际中，我们主动为他人提供某些信息，为他人介绍朋友，给他人提供一定的方便，他人通常也会回报给我们类似的或者多得多的信息、朋友和方便。

同时，我们也要谨记，获得别人给自己的小恩惠，就要尽可能地回报他。在不是很熟悉的朋友之间，你求别人办事，如果没有及时地回报，下一次又求人家，就显得不太自然了。因为人家会怀疑你是否有回报的意识，是否感激他对你的付出。及时地回报，可以表明自己是知恩图报的人，有利于相互的继续交往。

当然，在关系很亲密的朋友之间，就不一定要马上回报，那样反而显得生疏。但也不等于不回报，只是时间可能拖得长一些，或有机会再回报。

世上没有绝对无私奉献的爱情，不像歌里和诗里表现的那样。爱情也是讲求有所付出有所回报的，双方需要保持一个利益的平衡。如果平衡被严重打破，将会导致关系的破裂。

人与人之间的互动，就像坐跷跷板一样，要高低交替。一个永远不肯吃亏、不肯让步的人，即使真正得到好处，也是暂时的，他迟早要被别人疏远、抛弃。

  运用皮格马利翁效应，使对方满足你的期待

当我们希望别人成为我们希望的人时，就应该给他传递积极的信息，告诉他可以成为这样的人。

第9章 求人办事心理学

古希腊有一个有名的神话故事。

一位年轻的塞浦路斯国王名叫皮格马利翁,他很喜欢雕塑,是个有名的雕刻家。

有一天,他得到了一块洁白无瑕的象牙,就用它精心地雕刻了一个美丽可爱的少女。这个雕塑实在是太美了。

皮格马利翁每天都用深情爱慕的眼神呆呆地凝视她,久而久之,他竟然深深地爱上了这个雕塑,热切地希望她成为一个真正的少女。

他给雕像穿上美丽的长袍,拥抱她、亲吻她,他真诚地期望自己的爱能被她接受。

后来皮格马利翁的诚心感动了天神,天神就使这个雕像真的变成了一个美丽的少女,和他生活在一起。

这就是心理学上著名的皮格马利翁效应,也叫期待效应。意思是,热切的期望能使被期望者达到期望者的要求。

哈佛大学的罗森塔尔博士曾在加州一所学校做了一个有名的实验。

新学期刚开始,该校的校长就对两位老师说:"根据过去三四年来的教学效果显示,你们两位是本校最好的老师。为了奖励你们,今年学校特地从全校挑选了一些最聪明的学生给你们教。记住,这些学生的智商比同龄的孩子都要高。"

校长热忱地凝视着他们,再三叮咛:"要像平常一样教他们,不要让孩子或家长知道他们是被特意挑选出来的。"

这两位老师非常高兴,感到自己受到了特别的对待和重视,感受到校长对自己的殷切期望和信任,从此,更加努力教学了。

他们在教学过程中,不自觉地流露出对学生的信任、热情和期望,学生也从老师的眼神和言谈举止中,接收到这种暗示的信息,感到自己就是与众不同的，就是天才，就是英雄，就是智商高，最主要的是感到了老师的期待。

结果：1年之后，这两个班级的学生成绩是全校中最优秀的，甚至比其他班学生的分数值高出好几倍。

知道结果后，校长不好意思地告诉这两位教师真相：他们所教的这些学生智商并不比别的学生高。

这两位老师哪里会料到事情是这样的，只得庆幸是自己教得好了。

随后，校长又告诉他们另一个真相：他们两个也不是本校最好的教师，而是在教师中随机抽出来的。

正是学校对老师的期待，老师对学生的期待，才使老师和学生都产生了一种努力改变自我、完善自我的进步动力。

这种企盼将美好的愿望变成现实的心理表明：每一个人都有可能成功，但是能不能成功，取决于周围的人能不能像对待成功人士那样爱他、期望他、教育他。

人们通常这样来形象地说明皮格马利翁效应："说你行，你就行，不行也行；说你不行，你就不行，行也不行。"

当我们希望别人成为我们希望的人时，就应该给他传递积极的信息，告诉他可以成为这样的人。

你希望他成为什么人，他就能成为什么人。

当他有了天才的感觉，他就会成为天才，当他有了英雄的感觉，他就会成为英雄。

作为老师和家长，如果希望孩子变得更好，就要尽量鼓励他们，夸奖他们，告诉他们行。在你的热切期待中，他们能发生翻天覆地的变化。

如果总是批评他们，暗示他们"马尾穿豆腐——提不起来"，"朽木

第9章 求人办事心理学

不可雕",那他们就会觉得自己真的不行,就会自暴自弃,不求进取,就真的会堕落下去了。

古人说"用人不疑"。任用别人,就应该相信别人的能力,给别人传达一种积极的期望。要想使你的员工发展得更好,作为一个好的管理者就应该给他传递积极的期望。当然,如果一个管理者认为自己的下属都是饭桶,一无是处,并经常批评指责自己的下属,那么他的下属也可能真的变得一无是处,成为公司的负债资本。

欣赏引导成功,抱怨导致失败。让对方感受到你的欣赏期待,他会按照你的意愿而变化,成为你期待中的人。

夫妻双方在结婚前想象自己的另一半应该是什么样什么样,但是结了婚后才发现对方还是个"毛坯",离自己理想中的标准还有相当的距离。那怎样才把对方改造成"成品",成为适合婚姻的成熟的丈夫或妻子呢?

最好的方法不是批评和指责,而是暗示,用自己的期望去左右对方。鼓励对方做你希望他做的事,当他做到了,你就说他做得太好了,真是个好老公。天长日久,他就被你改造过来了。

总之,你不能要求对方一开始就什么都懂,毕竟人们都是在婚姻这个学校里不断学习,而不断进步和成熟起来的。最重要的就是把自己的期望让对方知道,并让对方感到你相信他可以做到。

心理学与交际之道

利用对比心，诱使对方接受你的要求

在向别人提出自己真正要求之前，先向别人提出一个大要求，待别人拒绝之后，再提出自己真正的比较小的要求来，别人答应自己要求的可能性就会增大。

有个小孩想养只宠物猫，但是考虑到家里可能不同意，于是就对爸爸妈妈说："我好寂寞呀，没人陪我玩，给我生个小弟弟吧，好不好……"

小孩可怜巴巴地哀求着爸妈，看到爸妈否定的表情（其实，心里早就知道），装作委屈地说："那要不，就给我买只宠物猫吧。"

于是宠物猫就来了。

有个妻子在逛商场的时候，看到了一件标价800元的裙子很漂亮，想让老公给自己买，但是考虑到老公可能不同意，于是，就对他说："老公，我们好久没出去旅游了，最近好烦啊，不如我们去欧洲玩一趟吧，希腊、巴黎、伦敦……"

妻子看到丈夫面有难色——装作没听见般地继续看报纸（意料之中），故作生气地说："那要不，就给我买条裙子吧。"

于是，那件早就看中的裙子被买回来了。

这就是利用了人本性中固有的对比心。父母觉得与其再生个孩子，不如买个宠物猫更能让他们接受。丈夫觉得与其欧洲游，还不如买条裙子。

鲁迅先生曾于1927年在《无声的中国》一文中写道："中国人的性情总是喜欢调和、折中的，譬如你说，这屋子太暗，说在这里开一个天窗，

第9章 求人办事心理学

大家一定是不允许的。但如果你主张拆掉屋顶,他们就会来调和,愿意开天窗了。"

这种本想要让人答应自己的小要求,却先提出大要求的心理现象,就是利用了人的对比心。

一名学生犯了错误后离家出走,班主任老师和学生家长知道后都急坏了,四处寻找,都找不到。

但是,过了几天,正在大家都一筹莫展、痛苦不堪的时候,学生自己安全地回来了。班主任和学生的家长反倒不再过多地去追究这名学生之前所犯的错误了。因为回来就好。

实际上在这里,离家出走就相当于"拆屋",是班主任和家长没办法接受的,也是不希望再发生的一种结果;学生之前犯的错误就相当于"开天窗",虽然原来难以接受,但相对于离家出走就显得可以接受了。

心理研究者查尔迪尼等人曾做过一项被称为"导致顺从的互让过程"的研究。

研究人员将参与实验的大学生分成两组,对于第一组大学生,研究人员要求他们带领少年们去动物园玩一次,需要两个小时,但只有1/6的学生答应了这个请求。

对于第二组大学生,研究人员首先请求他们花两年时间担任一个少年管教所的义务辅导员,这是一件费时费力的工作,几乎所有的大学生都谢绝了。他们接着提出了一个小的要求,让大学生带领少年们去动物园玩两个小时。不就两个小时嘛,太容易了。一大半学生都答应了这个请求。

人人都存在对比心。如果最初给出的是一个非常苛刻的要求,然后又提出了一个妥协的要求,即使这个要求也有些苛刻,但是对方会认为这是一个能被接受的要求。

在向别人提出自己真正要求之前，先向别人提出一个大要求，待别人拒绝之后，再提出自己真正的比较小的要求来，别人答应自己要求的可能性就会增大。

比如，我们在卖东西的时候，假如我们的进价是100元，而我们一口要价400元，最终我们可能会以200元成交。但是假如我们直接要价200元呢？我们就很难以200元的价格卖出去。

我们想向一个朋友借钱，如果想要借1万元，我们不妨狮子大开口，先对他说，需要借10万元钱（假如他直接借给你10万元，那可是意外的收获）。

假如他面露难色，借口自己这段时间也不方便、不宽裕，一时拿不出这么多来，那我们就可以利用他的比较心，开口说："哪怕1万元也好呀。"

此时，在他心中已经有了比较，从10万元下降到1万元，感觉上好得多了，貌似自己占了便宜，而且已经拒绝了10万元的要求，心里有了一定的内疚感，如果1万元都不借，也太说不过去了。于是，1万元的预期目标实现了。

激发同情心，触动对方心灵的薄弱点

在找人办事时，激发对方的同情心是十分重要的，当你巧妙地点醒对方，触动他的心灵柔软带的时候，再难办的事情也能办得成。

第9章 求人办事心理学

当林肯总统还是一名律师在律师事务所工作的时候,碰到了这样一个案子。

一位老妇人向林肯哭诉她的不幸遭遇。原来,她是位孤寡老人,丈夫在独立战争中为国捐躯,她靠抚恤金维持生活。前不久,抚恤金出纳员勒索她,要她交一笔手续费才可领取抚恤金,而这笔手续费是抚恤金的一半。

林肯听后十分气愤,决定免费为老妇人诉讼。

由于出纳员是口头勒索的,没有留下任何凭据,因而这位出纳员指责原告无中生有,形势对林肯极为不利。

但是林肯在法庭上十分沉着、坚定,他眼含着泪花,回顾了英帝国主义对殖民地人民的压迫,爱国志士如何奋起反抗,如何忍饥挨饿地在冰雪中战斗,为了美国的独立而抛头颅、洒热血的历史。

最后,他说:"现在,一切都成为过去。1776年的英雄,早已长眠地下,可是他那衰老而又可怜的夫人,就在我们面前,要求申诉。这位老妇人从前也是位美丽的少女,曾与丈夫有过幸福的生活。不过,现在她已失去了一切,变得贫困无靠。然而,享受着烈士们争取来的自由幸福的某些人,还要勒索她那一点微不足道的抚恤金,有良心吗?她无依无靠,不得不向我们请求保护时,试问,我们能熟视无睹吗?"

法庭里充满哭泣声,法官的眼圈发红,被告的良心也被唤醒,再也不矢口否认了。法庭最后通过了保护烈士遗孀不受勒索的判决。

没有证据的官司很难打赢,然而林肯成功了。这应归功于他的情绪感染驾驭了听众及被告的心理,激发了人们本性中具有的同情心、善良的一面。

以情动人，凡事皆可办成，面对求情者的眼泪和哭诉，听者就是铁石心肠，也免不了会动心。

并不是说，凡求人办事都要摆出一副可怜兮兮的样子，流下几滴眼泪。而是说，当我们在求人解决问题时，应该调动听者的同情心，使听者首先从感情上与你靠近，产生共鸣。这就为你问题的解决与事情的办成打下了基础。

人心都是肉长的，只要你将受害的情况和你内心的痛苦如实地说出来，处理者是会动心的。

在普通的人际交往中，我们一定要记得：每个人都有同情心，它是人类天性中的一部分，是人性善良的根基。

也许它会在人们越来越复杂的社会经历中，渐渐地躲进人的身后，藏进连自己都不会察觉到的心灵角落里。有时它假装睡着了，有时它潜入深水海底不愿冒出来透口气。但是它永远不会消失，不会死去。

再冷漠的人，也有他的同情心；再狡诈的人、变态的人、唯利是图的人、利欲熏心的人，也无一例外地有着同情心。不过是被掩盖或者暂时被冷处理了。

我们要知道这点，善于把握这点，诱发他的同情心，触动他的心灵薄弱点、敏感细腻区。

尼克松在参加竞选时，《纽约时报》突然发表了尼克松在竞选中秘密受贿的新闻，说得有鼻子有眼，对竞选形势造成了很大的不利影响。

于是尼克松被安排做一次半个小时的电台讲话，以澄清事实。

尼克松走进演播室，面对全国听众，首先公开了自己的财务状况，公布了自己的财产，并告诉大家他是怎么花掉每一分钱的。然后用最真挚感人的语调娓娓道来：自己出身贫寒，年轻时在杂货店送货，补贴家用。半工半读念完大学后,做律师进入政界,成家立业。他和夫人是一对贫贱夫妻,勤勤恳恳,节俭度日,自己的小儿子曾经因为经济拮据而买不起皮大衣和小狗……听起来非常真实可信,甚至让人鼻子发酸,此刻,每一个选民,每一个听众敏锐的同情心都被诱发出来。

演讲结束后,有一百万人打来了电话、电报或寄来了信件,他的支持者大大增加,他一下子成了一颗政治明星。

人人都有一颗心,那是一颗貌似冷酷无情的心,实则是一颗满是同情的柔软之心。只看你如何以真诚轻柔的触角去触动它的薄弱点,从而以点带面,震撼他心,让他因为心酸流泪。

在找人办事时,激发对方的同情心是十分重要的,当你巧妙地点醒对方,触动他的心灵柔软带的时候,再难办的事情也能办得成。

塑造权威表象,诱使对方信任你

一个人要是地位高,有威信,受人敬重,那他所说的话及所做的事就容易引起别人的重视,并让他们相信其正确性,即"人微言轻、人贵言重"。

假如你眼部不适,到医院就诊,如果其他条件相同,有一位眼科专家和一位刚从医学院毕业的年轻大夫供你选择,你会选择哪个呢?相信你一定会选择专家。

一、心理学与交际之道

假如你要报一个作文培训班,你是愿意上一个由专业的著名作家来授课的班,还是愿意上一个刚从学校毕业的中文师范专业毕业的年轻老师的班?相信一般情况下,你会选择著名作家。

这些都说明,权威对我们的影响力要超出常人。

有一个著名的心理学实验证明了权威的力量。

美国某大学心理系的一堂课上,一位教授向学生们隆重介绍了一位来宾——施米特博士,说他是世界闻名的化学家。

施米特博士从随身携带的皮包中拿出一个装着液体的玻璃瓶,说:"这是我正在研究的一种物质,它的挥发性很强,当我拔出瓶塞,它马上会挥发出来。但它完全无害,气味很小。当你们闻到气味,就请立刻举手。"

说完话,博士拿出一个秒表,并拔开瓶塞。一会儿工夫,只见学生们从第一排到最后一排都依次举起了手。但是后来,心理学教授告诉学生们:施米特博士只是本校的一位老师化装的,而那种物质只不过是蒸馏水(没有气味)。

这个实验中,人们宁可相信权威,也不相信自己的鼻子。对于本来没有气味的蒸馏水,由于这位"权威"专家的语言暗示而让多数学生都认为它有气味。这就是权威的影响力,是权威效应的作用所致。

权威效应,是指一个人要是地位高,有威信,受人敬重,那他所说的话及所做的事就容易引起别人重视,并让他们相信其正确性,即"人微言轻、人贵言重"。

如果现在有一个普通的人对你说,你现在这个年纪吃一些什么补品会大有好处,你对他的介绍一定会心存质疑。

但是如果这个人的头衔是国际营养学会高级研究员,你会对他的上述言论作何感想？当你知道他去年被授予了诺贝尔生物学奖，你又会对他上面的话作何感想？

在很大程度上，你会相信他的话。实际上，你相信的首先是他的头衔，其次才是他的话。

这就是权威效应的奥妙所在，你可以不是权威，但是如果你让人感觉到你是权威，认为你是权威，那么他们就会由衷地相信你说的一切。

在人际交往中，我们可以巧妙地利用权威效应来影响他人，制造一些权威的表象。给自己冠上一些权威的头衔，或者象征某种权威的身份标志，都能让人刮目相看，给他人以心的震撼，让人敬仰、信服，接受你，赞同你，改变自己的态度和行为来屈从于你的暗示和建议。

中国人都讲究谦虚，不多嘴多舌，但是假如你有什么资格、身份、资历，一定要表明出来，藏在心里没人知道，人家还会小看你，不把你说的话当回事，不把你当重要人来对待。

有位朋友曾经参加过某教育机构的培训，是培训教育咨询师，也就是负责招收学生前来听课交费。

当时听那些"元老"级咨询师为前来咨询的孩子和家长介绍时，普遍存在着夸大自己年龄的倾向，这样就显得自己从业多年，更有资历，更容易取得家长和孩子的信任。

有人还夸张地说自己是北京师范大学的教育学专业硕士研究生毕业，实则不然；有些确实是研究生毕业的，甚至有的还是重点大学研究生毕业的，但却并不是北京师范大学的教育学研究生。这样说虽然有些夸张和虚报，但是确实让前来咨询的家长和孩子更加信服他们，认为他们是教育方面的权威，即便有些家长是博士或领导，但是在教育方面还是愿意听从这些咨询师的劝说和引导。

像华贵的衣服、好的办公地点、富丽的装饰、制服、名片等能够象征权威，象征身份地位的外部标志，同样能够获得人们的认可，使人们对其产生信任感。就是说，一种权威的象征与真正的权威一样，能够对人们产生足够大的影响力。

假如你准备自主创业，开一家公司。你在市中心租了一套办公室，装饰豪华，并把几个获奖证书或奖杯陈列其中，别人就会以为你财力雄厚，势力稳固，技术专业过关，对你的信任度就会直线上升，如果洽谈合适，很容易就能拍板成交。

假如你是新入行的推销人员，对你来说，最行之有效的快捷的投资之一，就是给自己买几件值钱的衣服。就算预算吃紧，宁可买下这两身衣服，也不去多买几身廉价服装。这有利于为你建立良好的形象，外加你对所推销产品的专业性能和市场行情的准确把握和介绍，别人一定会选择更相信你，进而购买。

得寸还要进尺，先进门槛再步步登高

孩子向妈妈要求，可不可以吃颗糖果？当妈妈答应她的时候，她可能会提出进一步的要求，那可不可以再喝一小杯果汁呢？妈妈经常是会答应她的。

美国社会心理学家弗里德曼与弗雷瑟做过这样一个实验：他们让自己

第9章 求人办事心理学

的助手到两个普通的居民小区劝说人们在房前竖一块写有"小心驾驶"的大字标语木牌。

在第一个居民区,他们直接向人们提出这个要求,结果遭到很多居民的拒绝,接受的人仅仅只有17%。

而在第二个居民区,他们先请求众居民在一份赞成安全行驶的请愿书上签字,这是很容易做到的小小要求,几乎所有的被要求者都照办了。他们在几周后再向这些居民提出在自家房前竖立"小心驾驶"标语木牌的有关要求,这次的接受者竟占被要求者的55%。

为什么同样都是竖牌的要求,却会有如此截然不同的结果呢?

这是因为当你对别人提出一个貌似"微不足道"的要求时,对方往往很难拒绝,否则,似乎显得"不近人情"。

而一旦接受了这个要求,就仿佛跨进了一道心理上的门槛,很难有抽身后退的可能。当再次向他们提出一个更高的要求时,这个要求就和前一个要求有了继承关系,让这些人容易顺理成章地接受。

人有一种想保持一致形象的需求,人们不愿意被看做是反复无常、莫名其妙的。

总之,这种情况下,比作一上来就提出比较高的要求,要更容易接受。

这就是心理学上的进门槛效应,也叫得寸进尺效应。

心理学家D·H·查尔迪尼做了这样一个实验:他代替某个慈善机构进行了一次募捐活动。

在募捐时,对一些人说了这样一句话:"哪怕一分钱也好",而对另外一些人则没有说这句话。

结果,前者的募捐比后者要多两倍。

这就是说向人们提出一个微不足道的小要求时，人们很难拒绝，否则就太不通人情了（先进门槛再逐步登高，得寸就步步进尺）。为了留下前后一致的印象，人们就容易接受更高的要求。

比如一个推销员，当他可以敲开门，跟顾客进行交谈时，其实他已经取得了一个小小的成功。在这种情况下，如果他能够说服顾客买一件小东西的话，那么他再提出进一步的要求，就很可能被满足。因为那位顾客之前答应了一个要求，为了前后保持一致，他的确会有较大可能性接受进一步的要求。

一次，一个旅游团不经意地走进了一家糖果店。他们在参观一番后，并没有购买糖果的打算。

临走的时候，服务员将一盘精美的糖果捧到了他们面前，并且柔声慢语："这是我们店刚进的新品种，清香可口，甜而不腻，请您随便品尝，千万不要客气。"

如此盛情难却，恭敬不如从命。旅游团成员觉得既然免费尝到了甜头，不买点什么，确实有点过意不去，于是每人买了一大包，在服务员"欢迎再来"的送别声中离去。

在中学时代，很多同学都见到过这样的情况。

一个男生喜欢上了一个女生，就会找机会向她靠近，先说"我的橡皮丢了，你能借我用下你的橡皮吗？"

对于这样一个简单的小要求，通常女生都不会拒绝，也不好意思拒绝，没理由拒绝。于是，一块橡皮引发的故事拉开帷幕。

过不了多久，男生又说"这道题我不是很理解，你能帮帮我，给我讲解一下吗？"放学后则说，"顺路，我送你回家吧？"

一段友谊或者爱情产生了。

第9章 求人办事心理学

大学生们,如果一方喜欢另一方,也会采用类似的得寸进尺方法,先从小要求,比如从"能给我你的电话号码吗?"开始,步步登高。

有的孩子向妈妈要求,可不可以吃颗糖果?当妈妈答应她的时候,她可能会提出进一步的要求,那可不可以喝一小杯果汁呢?妈妈经常是会答应的。

这个心理效应给我们的启示是,当我们要提出一个比较大的要求时,可以不直接提出,因为这个时候很容易被拒绝。你可以先提出一个较小的要求,一旦被答应,再提出那个较大的要求,被接受的几率会更高。